中国房地产估价师与房地产经纪人学会
地址：北京市海淀区首体南路 9 号主语国际 7 号楼 11 层
邮编：100048
电话：(010) 88083151
传真：(010) 88083156
网址：http://www.cirea.org.cn
　　　http://www.agents.org.cn

全国房地产经纪人职业资格考试用书

全国房地产经纪人职业资格考试大纲

（2020）

中国房地产估价师与房地产经纪人学会　编制

中华人民共和国人力资源和社会保障部
中华人民共和国住房和城乡建设部　审定

中国建筑工业出版社

图书在版编目(CIP)数据

全国房地产经纪人职业资格考试大纲.2020/中国房地产估价师与房地产经纪人学会编制.—北京：中国建筑工业出版社，2020.1
全国房地产经纪人职业资格考试用书
ISBN 978-7-112-17554-3

Ⅰ.①全… Ⅱ.①中… Ⅲ.①房地产业-经纪人-中国-资格考试-考试大纲 Ⅳ.①F299.233.55-41

中国版本图书馆 CIP 数据核字(2019)第 269344 号

本大纲为全国房地产经纪人职业资格考试大纲。本大纲共分为四个部分：第一部分为房地产交易制度政策，第二部分为房地产经纪职业导论，第三部分为房地产经纪专业基础，第四部分为房地产经纪业务操作。本大纲条理清晰，供参加全国房地产经纪人职业资格考试的人员复习使用。

责任编辑：向建国 封 毅 周方圆
责任校对：李欣慰

全国房地产经纪人职业资格考试用书
全国房地产经纪人职业资格考试大纲
(2020)
中国房地产估价师与房地产经纪人学会 编制
中华人民共和国人力资源和社会保障部
中华人民共和国住房和城乡建设部 审定

*

中国建筑工业出版社出版、发行(北京海淀三里河路 9 号)
各地新华书店、建筑书店经销
北京红光制版公司制版
北京京华铭诚工贸有限公司印刷

*

开本：787×960 毫米 1/16 印张：8½ 字数：167 千字
2020 年 1 月第一版 2020 年 1 月第一次印刷
定价：**25.00** 元
ISBN 978-7-112-17554-3
(35105)

版权所有 翻印必究
如有印装质量问题，可寄本社退换
(邮政编码 100037)

目 录

人力资源社会保障部 住房城乡建设部 关于印发《房地产经纪专业人员职业资格制度暂行规定》和《房地产经纪专业人员职业资格考试实施办法》的通知 …… 1

考试说明 …………………………………………………………………………… 8

第一部分 房地产交易制度政策 ……………………………………………… 11
 第一章 房地产业及相关法规政策 …………………………………… 12
 第二章 房地产基本制度与房地产权利 ……………………………… 13
 第三章 房地产转让相关制度政策 …………………………………… 16
 第四章 新建商品房销售相关制度政策 ……………………………… 19
 第五章 房屋租赁相关制度政策 ……………………………………… 22
 第六章 个人住房贷款相关制度政策 ………………………………… 25
 第七章 房地产交易税费相关制度政策 ……………………………… 27
 第八章 不动产登记相关制度政策 …………………………………… 32
 第九章 房地产广告相关制度政策 …………………………………… 35

第二部分 房地产经纪职业导论 ……………………………………………… 37
 第一章 房地产经纪概述 ……………………………………………… 38
 第二章 房地产经纪专业人员 ………………………………………… 39
 第三章 房地产经纪机构的设立与内部组织 ………………………… 42
 第四章 房地产经纪机构的企业管理 ………………………………… 44
 第五章 房地产经纪门店与售楼处管理 ……………………………… 48
 第六章 房地产经纪业务 ……………………………………………… 51
 第七章 房地产经纪服务合同 ………………………………………… 53
 第八章 房地产经纪执业规范 ………………………………………… 56
 第九章 房地产经纪行业管理 ………………………………………… 58

第三部分 房地产经纪专业基础 ……………………………………………… 61
 第一章 房地产和住宅 ………………………………………………… 62
 第二章 建筑和装饰装修 ……………………………………………… 64
 第三章 城市和环境景观 ……………………………………………… 69
 第四章 房地产市场及其运行 ………………………………………… 72

第五章	房地产价格及其评估	75
第六章	房地产投资及其评价	78
第七章	金融和房地产贷款	82
第八章	法律和消费者权益保护	84
第九章	民法总则及相关法律	86
第十章	消费心理和营销心理	91

第四部分 房地产经纪业务操作 97

第一章	房地产营销概述	98
第二章	房源信息搜集与管理	102
第三章	客源信息搜集与管理	106
第四章	存量房经纪业务承接	109
第五章	存量房交易配对与带客看房	112
第六章	存量房买卖交易条件协商	114
第七章	存量房租赁经纪业务撮合	115
第八章	新建商品房租售代理业务操作	118
第九章	房屋交验与经纪延伸业务	124
第十章	房地产经纪业务中的沟通与礼仪	128

人力资源社会保障部　住房城乡建设部

关于印发《房地产经纪专业人员职业资格制度暂行规定》和《房地产经纪专业人员职业资格考试实施办法》的通知

人社部发〔2015〕47号

各省、自治区、直辖市及新疆生产建设兵团人力资源社会保障厅（局）、住房城乡建设厅（局、房地局、建委），国务院各部委、各直属机构人事部门，中央管理的企业：

根据《国务院机构改革和职能转变方案》和《国务院关于取消和调整一批行政审批项目等事项的决定》（国发〔2014〕27号）有关取消"房地产经纪人职业资格许可"的要求，为加强房地产经纪专业人员队伍建设，适应房地产经纪行业发展，规范房地产经纪市场，在总结原房地产经纪人员职业资格制度实施情况的基础上，人力资源社会保障部、住房城乡建设部制定了《房地产经纪专业人员职业资格制度暂行规定》和《房地产经纪专业人员职业资格考试实施办法》，现印发给你们，请遵照执行。

自本通知发布之日起，原人事部、原建设部发布的《关于印发〈房地产经纪人员职业资格制度暂行规定〉和〈房地产经纪人执业资格考试实施办法〉的通知》（人发〔2001〕128号）同时废止。

人力资源社会保障部
住房城乡建设部
2015年6月25日

房地产经纪专业人员职业资格制度暂行规定

第一章 总 则

第一条 为加强房地产经纪专业人员队伍建设,提高房地产经纪专业人员素质,规范房地产经纪活动秩序,根据《中华人民共和国城市房地产管理法》、《国务院机构改革和职能转变方案》和国家职业资格证书制度有关规定,制定本规定。

第二条 本规定适用于在房地产交易活动中,为促成房地产公平交易,从事存量房和新建商品房居间、代理等房地产经纪活动的专业人员。

第三条 国家设立房地产经纪专业人员水平评价类职业资格制度,面向全社会提供房地产经纪专业人员能力水平评价服务,纳入全国专业技术人员职业资格证书制度统一规划。

第四条 房地产经纪专业人员职业资格分为房地产经纪人协理、房地产经纪人和高级房地产经纪人3个级别。房地产经纪人协理和房地产经纪人职业资格实行统一考试的评价方式。高级房地产经纪人职业资格评价的具体办法另行规定。

房地产经纪专业人员英文为:Real Estate Agent Professionals

第五条 通过房地产经纪人协理、房地产经纪人职业资格考试,取得相应级别职业资格证书的人员,表明其已具备从事房地产经纪专业相应级别专业岗位工作的职业能力和水平。

第六条 人力资源社会保障部、住房城乡建设部共同负责房地产经纪专业人员职业资格制度的政策制定,并按职责分工对房地产经纪专业人员职业资格制度的实施进行指导、监督和检查。中国房地产估价师与房地产经纪人学会具体承担房地产经纪专业人员职业资格的评价与管理工作。

第二章 考 试

第七条 房地产经纪人协理、房地产经纪人职业资格实行全国统一大纲、统一命题、统一组织的考试制度。原则上每年举行1次考试。

第八条 中国房地产估价师与房地产经纪人学会负责房地产经纪专业人员职

业资格评价的管理和实施工作，组织成立考试专家委员会，研究拟定考试科目、考试大纲、考试试题和考试合格标准。

第九条　人力资源社会保障部、住房城乡建设部指导中国房地产估价师与房地产经纪人学会确定房地产经纪人协理、房地产经纪人职业资格考试科目、考试大纲、考试试题和考试合格标准，并对其实施房地产经纪人协理、房地产经纪人职业资格考试工作进行监督、检查。

第十条　申请参加房地产经纪专业人员职业资格考试应当具备的基本条件：

（一）遵守国家法律、法规和行业标准与规范；

（二）秉承诚信、公平、公正的基本原则；

（三）恪守职业道德。

第十一条　申请参加房地产经纪人协理职业资格考试的人员，除具备本规定第十条的基本条件外，还必须具备中专或者高中及以上学历。

第十二条　申请参加房地产经纪人职业资格考试的人员，除具备本规定第十条的基本条件外，还必须符合下列条件之一：

（一）通过考试取得房地产经纪人协理职业资格证书后，从事房地产经纪业务工作满 6 年；

（二）取得大专学历，工作满 6 年，其中从事房地产经纪业务工作满 3 年；

（三）取得大学本科学历，工作满 4 年，其中从事房地产经纪业务工作满 2 年；

（四）取得双学士学位或研究生班毕业，工作满 3 年，其中从事房地产经纪业务工作满 1 年；

（五）取得硕士学历（学位），工作满 2 年，其中从事房地产经纪业务工作满 1 年；

（六）取得博士学历（学位）。

第十三条　房地产经纪人协理、房地产经纪人职业资格考试合格，由中国房地产估价师与房地产经纪人学会颁发人力资源社会保障部、住房城乡建设部监制，中国房地产估价师与房地产经纪人学会用印的相应级别《中华人民共和国房地产经纪专业人员职业资格证书》（以下简称房地产经纪专业人员资格证书）。该证书在全国范围有效。

第十四条　对以不正当手段取得房地产经纪专业人员资格证书的，按照国家专业技术人员资格考试违纪违规行为处理规定处理。

第三章 职业能力

第十五条 取得相应级别房地产经纪专业人员资格证书的人员,应当遵守国家法律、法规及房地产经纪行业相关制度规则,坚持诚信、公平、公正的原则,保守商业秘密,保障委托人合法权益,恪守职业道德。

第十六条 取得房地产经纪人协理职业资格证书的人员应当具备的职业能力:

(一)了解房地产经纪行业的法律法规和管理规定;

(二)基本掌握房地产交易流程,具有一定的房地产交易运作能力;

(三)独立完成房地产经纪业务的一般性工作;

(四)在房地产经纪人的指导下,完成较复杂的房地产经纪业务。

第十七条 取得房地产经纪人职业资格证书的人员应当具备的职业能力:

(一)熟悉房地产经纪行业的法律法规和管理规定;

(二)熟悉房地产交易流程,能完成较为复杂的房地产经纪工作,处理解决房地产经纪业务的疑难问题;

(三)运用丰富的房地产经纪实践经验,分析判断房地产经纪市场的发展趋势,开拓创新房地产经纪业务;

(四)指导房地产经纪人协理和协助高级房地产经纪人工作。

第十八条 取得相应级别房地产经纪专业人员资格证书的人员,应当按照国家专业技术人员继续教育及房地产经纪行业管理的有关规定,参加继续教育,不断更新专业知识,提高职业素质和业务能力。

第四章 登 记

第十九条 房地产经纪专业人员资格证书实行登记服务制度。登记服务的具体工作由中国房地产估价师与房地产经纪人学会负责。

第二十条 中国房地产估价师与房地产经纪人学会定期向社会公布房地产经纪专业人员资格证书的登记情况,建立持证人员的诚信档案,并为用人单位提供取得房地产经纪专业人员资格证书的信息查询服务。

第二十一条 取得房地产经纪专业人员资格证书的人员,应当自觉接受中国房地产估价师与房地产经纪人学会的管理和社会公众的监督。其在工作中违反相关法律、法规、规章或者职业道德,造成不良影响的,由中国房地产估价师与房地产经纪人学会取消登记，并收回其职业资格证书。

第二十二条 房地产经纪专业人员登记服务机构在登记服务工作中，应当严格遵守国家和本行业的各项管理规定以及学会章程。

第五章 附 则

第二十三条 通过考试取得相应级别房地产经纪专业人员资格证书，且符合《经济专业人员职务试行条例》中助理经济师、经济师任职条件的人员，用人单位可根据工作需要聘任相应级别经济专业职务。

第二十四条 本规定施行前，依据原人事部、原建设部印发的《〈房地产经纪人员职业资格制度暂行规定〉和〈房地产经纪人执业资格考试实施办法〉》（人发〔2001〕128号）要求，通过考试取得的房地产经纪人执业资格证书，与按照本规定要求取得的房地产经纪人职业资格证书效用等同。通过考试取得房地产经纪人协理资格证书效用不变。

第二十五条 本规定自2015年7月1日起施行。

房地产经纪专业人员职业资格考试实施办法

第一条 人力资源社会保障部、住房城乡建设部按职责分工负责指导、监督和检查房地产经纪专业人员职业资格考试的实施工作。

第二条 中国房地产估价师与房地产经纪人学会具体负责房地产经纪专业人员职业资格考试的实施工作。

第三条 房地产经纪人协理职业资格考试设《房地产经纪综合能力》和《房地产经纪操作实务》2个科目。考试分2个半天进行，每个科目的考试时间均为2.5小时。

房地产经纪人职业资格考试设《房地产交易制度政策》、《房地产经纪职业导论》、《房地产经纪专业基础》和《房地产经纪业务操作》4个科目。考试分4个半天进行，每个科目的考试时间均为2.5小时。

第四条 房地产经纪专业人员职业资格各科目考试成绩实行滚动管理的办法。在规定的期限内参加应试科目考试并合格，方可获得相应级别房地产经纪专业人员职业资格证书。

参加房地产经纪人协理职业资格考试的人员，必须在连续的2个考试年度内通过全部（2个）科目的考试；参加房地产经纪人职业资格考试的人员，必须在连续的4个考试年度内通过全部（4个）科目的考试。

第五条 符合《房地产经纪专业人员职业资格制度暂行规定》（以下简称《暂行规定》）第十条的基本条件和相应级别报名条件之一的，均可申请参加相应级别考试。

第六条 符合《暂行规定》相应级别考试报名条件之一的，并具备下列一项条件的，可免予参加房地产经纪专业人员职业资格部分科目的考试：

（一）通过全国统一考试，取得经济专业技术资格"房地产经济"专业初级资格证书的人员，可免试房地产经纪人协理职业资格《房地产经纪综合能力》科目，只参加《房地产经纪操作实务》1个科目的考试；

（二）按照原《〈房地产经纪人员职业资格制度暂行规定〉和〈房地产经纪人执业资格考试实施办法〉》（人发〔2001〕128号）要求，通过考试取得房地产经纪人协理资格证书的人员，可免试房地产经纪人协理职业资格《房地产经纪操作实务》科目，只参加《房地产经纪综合能力》1个科目的考试；

（三）通过全国统一考试，取得房地产估价师资格证书的人员；通过全国统一考试，取得经济专业技术资格"房地产经济"专业中级资格证书的人员；或者按照国家统一规定评聘高级经济师职务的人员，可免试房地产经纪人职业资格《房地产交易制度政策》1个科目，只参加《房地产经纪职业导论》、《房地产经纪专业基础》和《房地产经纪业务操作》3个科目的考试。

参加1个或3个科目考试的人员，须在1个或连续的3个考试年度内通过应试科目的考试，方可获得房地产经纪专业人员职业资格证书。

免试部分科目的人员在报名时，应当提供相应证明文件。

第七条 参加考试由本人提出申请，按有关规定办理报名手续。考试实施机构按照规定的程序和报名条件审核合格后，核发准考证。参加考试人员凭准考证和有效证件在指定的日期、时间和地点参加考试。

中央和国务院各部门及所属单位、中央管理企业的人员按属地原则报名参加考试。

第八条 考点原则上设在直辖市和省会城市的大、中专院校或者高考定点学校。如确需在其他城市设置考点，须经中国房地产估价师与房地产经纪人学会批准。考试日期原则上为每年的第三季度。

第九条 坚持考试与培训分开的原则。凡参与考试工作（包括命题、审题与组织管理等）的人员，不得参加考试，也不得参加或者举办与考试内容相关的培训工作。应考人员参加培训坚持自愿原则。

第十条 考试实施机构及其工作人员，应当严格执行国家人事考试工作人员纪律规定和考试工作的各项规章制度，遵守考试工作纪律，切实做好从考试试题的命制到使用等各环节的安全保密工作，严防泄密。

第十一条 对违反考试工作纪律和有关规定的人员，按照国家专业技术人员资格考试违纪违规行为处理规定处理。

考 试 说 明

为帮助广大应考人员进一步熟悉全国房地产经纪人职业资格考试的内容和要求，特作如下说明：

一、考试目的

全国房地产经纪人职业资格考试是为了适应社会主义市场经济的需要，规范房地产经纪市场，提高房地产经纪专业人员的素质，充分发挥房地产经纪人在房地产市场中的作用，评价具有中国特色的房地产经纪人才，实现我国房地产经纪制度与国际惯例接轨。

二、考试性质

房地产经纪人职业资格制度是一项适应市场经济发展需要的水平评价类制度。房地产经纪人职业资格考试是国家设定的职业资格考试。凡通过全国统一考试成绩合格者，颁发中华人民共和国人力资源和社会保障部、住房和城乡建设部监制，中国房地产估价师与房地产经纪人学会用印的《中华人民共和国房地产经纪专业人员职业资格证书》；经登记后，颁发《中华人民共和国房地产经纪人登记证书》，可以以房地产经纪人的名义从事房地产经纪活动。获得房地产经纪人职业资格，表明已具备承担经济专业技术中级职务的水平和能力。房地产经纪人职业资格在全国范围内有效，单位可根据工作需要，按国家有关规定聘任经济师职务。

三、考试内容

全国房地产经纪人职业资格考试分为四个科目：房地产交易制度政策、房地产经纪职业导论、房地产经纪专业基础、房地产经纪业务操作。四个科目全部合格即可取得房地产经纪人职业资格。

各科目考试大纲的内容，分为"掌握""熟悉""了解"三个层次。在考试内容中，"掌握"的部分约占 60%，"熟悉"的部分约占 30%，"了解"的部分约占 10%。

四、考试方式

全国房地产经纪人职业资格考试采用闭卷、计算机作答的考试方式。

五、试卷题型

全国房地产经纪人职业资格考试四个科目的试卷题型均为单项选择题、多项选择题和综合分析题。

第一部分
房地产交易制度政策

第一章 房地产业及相关法规政策

考试目的

本部分的考试目的是测试应考人员对房地产及房地产业、房地产法规政策体系、城市房地产管理法等相关规定等内容的了解、熟悉和掌握程度。

考试内容

第一节 房地产业
一、房地产业的概念和性质
（一）房地产业的概念
（二）房地产业的性质
二、房地产业的地位和作用
三、房地产业的行业细分
（一）房地产开发经营业
（二）物业管理业
（三）房地产咨询业
（四）房地产估价业
（五）房地产经纪业
（六）房地产租赁经营业

第二节 房地产经纪相关法规政策体系
一、房地产法律的调整对象
（一）房地产开发关系
（二）房地产交易关系
（三）物业管理关系
（四）房地产行政管理关系
（五）住房保障法律关系
二、房地产法规政策体系
（一）宪法
（二）房地产法律
1.《中华人民共和国城市房地产管理法》

2. 与房地产相关的法律
（三）房地产行政法规
（四）地方性法规
（五）行政规章和规范性文件
（六）最高人民法院的司法解释
第三节　相关法规的有关主要规定
一、国有土地有偿、有限期使用制度
二、房地产成交价格申报制度
三、房地产价格评估制度和评估人员资格认证制度
四、土地使用权和房屋所有权登记发证制度
五、房地产行政管理体制

考试要求

1. 掌握房地产业的性质、作用和行业细分；
2. 房地产法律调整的对象；
3. 熟悉房地产法规政策体系；
4. 掌握房地产经纪相关法规的有关主要规定。

第二章　房地产基本制度与房地产权利

考试目的

本部分的考试目的是测试应考人员对我国土地所有制、我国土地使用制、我国房屋基本制度、房地产权利等内容的了解、熟悉与掌握情况。

考试内容

第一节　我国土地基本制度
一、土地所有制
（一）土地所有制的性质和形式
（二）土地的全民所有制
（三）土地的劳动群众集体所有制

二、土地管理基本制度

（一）土地登记制度

（二）国有土地有偿有限期使用制度

（三）土地用途管制制度

（四）耕地保护制度

第二节　我国土地使用制度

一、国有建设用地使用制度

（一）城镇国有土地使用制度改革

（二）国有土地有偿使用制度

（三）国有建设用地使用权的设立

1. 国有建设用地使用权划拨

2. 国有建设用地使用权出让

3. 国有建设用地租赁

4. 国有建设用地使用权作价出资（入股）和授权经营

（四）国有建设用地使用权的流转和出租

1. 国有建设用地使用权流转

2. 国有建设用地使用权出租

二、集体土地使用制度

（一）集体土地使用权的概念

（二）集体土地使用权的表现形式

（三）集体土地使用权流转

第三节　我国房屋基本制度

一、房屋所有制

（一）城镇房屋所有制

1. 按所有制结构划分

2. 按产权占有形式划分

（二）农村房屋所有制

二、房屋征收

（一）房屋征收的概念

（二）房屋征收的限制条件

（三）房屋征收的前提条件

（四）国有土地上房屋征收的管理

三、城镇住房制度改革和住房供应体系

（一）城镇住房制度改革

1. 试点探索阶段
2. 全面推进阶段
3. 深化改革阶段

（二）城镇住房供应体系

1. 廉租住房
2. 经济适用住房
3. 公共租赁住房
4. 市场价商品住房
5. 限价商品住房
6. 市场租赁住房

第四节　房地产权利

一、房地产权利的种类

二、房地产所有权

（一）房地产所有权的概念和权能

（二）房地产所有权的特性

（三）房地产所有权的种类

（四）房屋所有权的取得、消灭及其特点

1. 房屋所有权的取得
2. 房屋所有权的消灭
3. 我国房屋所有权的特点

三、房地产他项权利

（一）建设用地使用权

（二）宅基地使用权

（三）土地承包经营权

（四）地役权

（五）抵押权

（六）租赁权

考试要求

1. 熟悉我国土地所有制；
2. 掌握土地管理基本制度；
3. 掌握国有土地有偿使用制度；

4. 掌握国有建设用地使用权范围；
5. 掌握国有建设用地使用权出让；
6. 掌握国有建设用地使用权划拨；
7. 熟悉国有建设用地使用权的流转和出租；
8. 熟悉集体土地使用制度；
9. 掌握城镇房屋所有制的类型；
10. 熟悉农村房屋所有制；
11. 掌握房屋征收限制条件和前提条件；
12. 熟悉城镇住房制度改革不同阶段的内容和目标；
13. 掌握城镇住房供应体系中不同住房的类型与特点；
14. 熟悉房屋所有权的权能；
15. 熟悉房屋所有权的种类；
16. 掌握房屋所有权的取得和消灭；
17. 熟悉房地产他项权利。

第三章 房地产转让相关制度政策

考试目的

本部分的考试目的是测试应考人员对房地产转让概述、存量房买卖制度政策、其他类型房地产转让管理、交易合同网签、交易资金监管等内容的了解、熟悉和掌握程度。

考试内容

第一节 房地产转让概述
一、房地产转让的概念
二、房地产转让的条件
（一）转让的条件
（二）不得转让的情形
三、房地产转让的程序
四、房地产转让合同
第二节 存量房买卖制度政策

一、存量房买卖市场概述
二、住房买卖的限制性政策和"房住不炒"的定位
（一）住房买卖的限制性政策
（二）"住房不炒"的定位
三、存量房买卖相关合同
（一）存量房买卖合同
（二）房地产经纪服务合同
1. 房地产经纪服务合同（房屋出售）
2. 房地产经纪服务合同（房屋购买）
四、存量房销售违规行为的处罚
第三节 其他类型房地产转让管理
一、房地产项目转让
（一）出让方式取得国有建设用地使用权的房地产项目转让管理
1. 转让的条件
2. 转让的程序
3. 转让的规定
（二）划拨方式取得建设用地使用权的房地产项目转让管理
（三）集体经营性建设用地入市
二、已购公有住房、经济适用住房和限价商品房转让管理
（一）已购公有住房
（二）经济适用住房
（三）限价商品房
三、婚姻家庭关系中的财产及债务纠纷
（一）婚姻家庭财产纠纷案件审理的司法解释
（二）夫妻债务纠纷处理
四、个人无偿赠与的房地产转让管理
（一）离婚分割财产的，应提交的材料
（二）亲属之间无偿赠与的，应提交的材料
（三）无偿赠与非亲属抚养或赡养关系人的，应提交的材料
（四）继承或接受遗赠的，应提交的材料
五、共有房地产的转让管理
六、对查封登记的房地产转让限制
七、对失信被执行人的房地产转让限制

（一）惩戒对象
1. 失信被执行人
2. 房地产领域相关失信责任主体
（二）惩戒措施
1. 联合惩戒
2. 限制房地产交易
3. 信息互通共享

第四节　交易合同网签备案

一、房屋交易合同网签备案的有关规定
（一）明确房屋网签备案适用范围
（二）完善房屋网签备案系统
（三）强化房屋网签备案数据基础
（四）实行房屋网签备案系统用户管理
（五）明确房屋网签备案条件
（六）规范房屋网签备案基本流程
（七）提高房屋网签备案服务水平
二、新建商品房买卖合同网签备案
三、存量房买卖合同网签备案
四、合同网签备案信息共享
（一）全面推进房地产涉税信息共享
（二）切实强化部门信息集成共用
（三）着力推动房屋代码采集应用
（四）积极推行跨部门业务联办
（五）大力提升行业信用管理水平

第五节　交易资金监管

一、商品房预售资金监管
二、存量房交易资金监管
三、购房融资管理

考试要求

1. 掌握房地产转让的概念；
2. 掌握房地产转让的条件；
3. 熟悉房地产转让的程序；

4. 熟悉房地产转让合同；
5. 熟悉其他类型房地产转让管理；
6. 掌握国有建设用地使用权划拨；
7. 掌握住房转让限制性政策和"房住不炒"定位的实质；
8. 掌握存量房买卖合同；
9. 掌握房地产经纪服务合同；
10. 了解转让以出让方式取得土地使用权，转让房地产开发项目的条件；
11. 了解公有住房、经济适用住房和限价商品房转让；
12. 熟悉婚姻家庭财产纠纷案件审理司法解释的规定；
13. 掌握新建商品房买卖合同网签备案流程和要求；
14. 掌握新建商品房买卖合同网签备案流程和要求；
15. 熟悉合同网签备案信息共享要求；
16. 掌握商品房预售资金监管规定；
17. 掌握存量房资金监管规定；
18. 掌握购房融资管理规定。

第四章 新建商品房销售相关制度政策

考试目的

本部分的考试目的是测试应考人员对商品房预售管理、商品房现售管理、商品房买卖合同、新建商品房售后质量管理、物业管理等内容的了解、熟悉与掌握情况。

考试内容

第一节 商品房预售管理
一、商品房预售的条件
二、商品房预售许可
三、商品房预售合同登记备案
四、商品房预售中禁止的行为
五、商品房预售监管
六、违反商品房预售许可行为的处罚

第二节　商品房现售管理

一、商品房现售的具体规定

二、商品房销售代理

三、商品房销售中禁止的行为

四、违规销售行为的处罚

第三节　商品房买卖合同

一、商品房买卖合同概述

（一）商品房买卖合同示范文本

1. 商品房买卖合同示范文本修订概况

2. 商品房买卖合同的主要内容

3. 商品房买卖合同修订主要强调的问题

（二）计价方式

（三）面积误差的处理方式

（四）中途变更规划、设计

（五）保修责任

二、商品房买卖合同纠纷案件审理的司法解释

第四节　新建商品房售后质量管理

一、新建商品房质量保修管理

（一）房屋建筑工程质量保修期限

（二）房屋建筑工程质量保修责任

二、工程竣工验收的程序

三、房地产开发项目的质量责任制度

（一）房地产开发企业对其开发项目的质量责任要求

（二）对质量不合格的房地产开发项目的处理方式

四、住宅质量保证和住宅使用说明制度

（一）住宅质量保证书

1. 住宅质量保证书的内容

2. 保修项目和保修期

（二）住宅使用说明书

五、商品房交付使用管理

第五节　物业管理

一、物业管理概述

（一）物业的含义

（二）物业管理的含义

（三）物业管理的基本内容

1. 常规性公共服务

2. 针对性的专项服务

3. 委托性的特约服务

（四）物业管理的目的

（五）《物业管理条例》确立的基本法律关系

1. 业主相互之间的关系

2. 业主与物业服务企业之间的关系

3. 开发企业与业主、物业服务企业之间的关系

4. 供水、供电等单位与业主、物业服务企业之间的关系

5. 社区居委会与业主大会、业主委员会的关系

二、物业管理的相关制度

（一）业主大会制度

1. 业主

2. 业主大会

3. 业主委员会

（二）管理规约制度

1. 管理规约

2. 临时管理规约

（三）物业承接验收制度

1. 物业承接验收的含义

2. 物业承接验收的原则

3. 物业承接验收应移交的材料

4. 物业承接验收的一般程序

（四）住宅专项维修资金制度

1. 住宅专项维修资金概念、性质和用途

2. 住宅专项维修资金的交存

3. 住宅专项维修资金的管理

4. 住宅专项维修资金使用的一般要求

5. 住宅专项维修资金在老旧居住区和电梯更新改造中的要求

6. 住宅专项维修资金的过户和返还

考试要求

1. 掌握商品房预售条件和预售许可要求；
2. 熟悉商品房预售合同登记备案；
3. 熟悉商品房预售监管；
4. 掌握商品房现售的具体规定；
5. 掌握商品房代理的要求；
6. 了解商品房销售中禁止的行为的规定；
7. 了解违反商品房预售许可行为的处罚；
8. 掌握商品房买卖合同示范文本的要求；
9. 熟悉商品房买卖合同纠纷案件审理司法解释的规定；
10. 熟悉新建商品房售后质量保修管理规定；
11. 了解工程竣工验收程序和开发项目质量责任制度；
12. 掌握住宅质量保证和住宅使用说明制度；
13. 熟悉商品房交付使用管理的要求；
14. 了解物业管理的基本内容；
15. 熟悉物业管理的规约制度和承接验收制度；
16. 掌握住宅专项维修资金制度。

第五章 房屋租赁相关制度政策

考试目的

本部分的考试目的是测试应考人员对房屋租赁概述、房屋租赁合同、商品房屋租赁管理规定、商品房屋租赁登记备案制度、其他房屋租赁管理等内容的了解、熟悉与掌握情况。

考试内容

第一节 房屋租赁概述
一、房屋租赁的概念及分类
二、房屋租赁市场发展历程
（一）住房制度改革以前：福利租房阶段

（二）20世纪90年代：市场化租房兴起阶段
（三）21世纪初期：保障性房屋租赁发展阶段
（四）积极培育租赁市场，促进专业化住房租赁市场发展阶段
第二节　房屋租赁合同
一、房屋租赁合同的概念及法律特征
（一）概念
（二）特征
1. 转移的是房屋使用权而非所有权
2. 诺成、双务、有偿、要式合同
3. 实行网签和登记备案制度
二、房屋租赁合同的主要内容
三、房屋租赁合同当事人的权利义务
（一）出租人的权利义务
1. 出租人的权利
2. 出租人的义务
（二）承租人的权利义务
1. 承租人的权利
2. 承租人的义务
四、房屋租赁合同履行的特殊规定
五、房屋租赁合同的解除
（一）出租人单方解除
（二）承租人单方解除
第三节　商品房屋租赁管理规定
一、房屋租赁基本要求
（一）房屋依法可以出租
（二）租住面积符合规定
（三）签订书面租赁合同
（四）合理确定各方权利义务
二、房屋转租基本要求
（一）转租要求
1. 须经出租人书面同意
2. 转租期限不得超过原合同规定的期限
（二）转租效力

三、房屋租赁中的禁止情形

（一）禁止将不符合条件的房屋出租

1. 属于违法建筑的房屋

2. 不符合安全、防灾等工程建设强制性标准的房屋

3. 违反规定改变使用性质的房屋

4. 法律、法规规定禁止出租的其他房屋

（二）禁止提供"群租房"

（三）不得随意提高租金

（四）禁止违法违规改建房屋

四、稳定出租房屋租赁关系的特殊规定

（一）优先购买权

（二）买卖不破租赁

（三）其他稳定租赁关系的规定

第四节　商品房屋租赁登记备案制度

一、商品房屋租赁登记备案材料

二、商品房屋租赁登记备案办理

三、商品房屋租赁登记备案证明

四、商品房屋租赁登记备案信息系统

五、商品房屋租赁登记备案效力

六、商品房屋租赁合同的网签备案

第五节　其他房屋租赁管理

一、已购公房租赁管理

二、公共租赁住房管理

（一）公共租赁住房供应对象

（二）公共租赁住房租金水平

（三）公共租赁住房租赁合同

（四）公共租赁住房合同终止

1. 违法使用公共租赁住房

2. 拖欠租金

3. 期满未申请续期

4. 其他情形

考试要求

1. 熟悉房屋租赁的发展历程；
2. 熟悉商品房屋租赁的概念与分类；
3. 掌握商品房屋租赁基本要求；
4. 熟悉商品房屋租赁合同的概念及法律特征；
5. 掌握商品房屋租赁合同的内容；
6. 掌握房屋租赁合同当事人的权利义务；
7. 熟悉多份租赁合同效力认定的要求；
8. 掌握商品房屋租赁合同的解除；
9. 掌握商品房屋租赁的基本要求；
10. 掌握商品房屋租赁转租的基本要求；
11. 掌握商品房屋租赁禁止行为的规定；
12. 掌握商品房屋租赁登记备案；
13. 熟悉已购公房租赁管理。

第六章　个人住房贷款相关制度政策

考试目的

本部分的考试目的是测试应考人员对个人住房贷款政策、房地产抵押制度、住房公积金制度等内容的了解、熟悉和掌握情况。

考试内容

第一节　个人住房贷款政策
一、个人住房贷款政策概述
二、近年来个人住房贷款政策的调整
三、个人住房贷款的相关规定
（一）个人住房贷款条件与申请资料
1. 个人贷款申请应具备的条件
2. 个人贷款申请需提供的资料
（二）个人住房贷款风险防范

第二节 房地产抵押制度
一、房地产抵押的概念及特征
(一)房地产抵押的概念
(二)房地产抵押的特征
二、房地产抵押的主要类型
(一)一般房地产抵押
(二)在建工程抵押
(三)预购商品房贷款抵押
(四)最高额抵押
三、房地产抵押设定的条件
(一)不得设定抵押权的房地产
(二)可以设定抵押权的房地产
四、房地产抵押合同
(一)房地产抵押合同的性质和效力
(二)房地产抵押合同应载明的内容
1. 房地产抵押合同一般应载明的内容
2. 在建工程抵押合同应载明的内容
五、房地产抵押估价
(一)对房地产管理部门的要求
(二)对商业银行的规定
(三)对房地产估价机构的规定

第三节 住房公积金制度
一、住房公积金制度概述
(一)住房公积金的性质
(二)住房公积金的特点
(三)住房公积金制度的作用
(四)住房公积金管理的基本原则
二、住房公积金缴存、提取和使用
(一)住房公积金缴存
1. 住房公积金缴存
2. 职工住房公积金的查询和对账
(二)住房公积金的提取和使用
1. 住房公积金提取

2. 职工住房公积金的使用
三、住房公积金个人住房贷款
（一）住房公积金个人住房贷款特征
（二）近年来有关住房公积金个人住房贷款政策
（三）住房公积金个人住房贷款的相关规定
1. 申请住房公积金个人住房贷款需提交的材料
2. 住房公积金个人住房贷款期限与额度

考试要求

1. 熟悉个人住房贷款政策；
2. 熟悉近年来个人住房贷款政策的调整；
3. 掌握房地产抵押的概念及特征；
4. 掌握房地产抵押的主要类型；
5. 掌握房地产抵押设定的条件；
6. 熟悉房地产抵押合同与房地产抵押估价；
7. 了解住房公积金制度；
8. 熟悉住房公积金缴存规定；
9. 掌握住房公积金提取规定；
10. 熟悉住房公积金使用规定；
11. 了解住房公积金个人贷款特征；
12. 熟悉近年来有关住房公积金个人住房贷款政策。

第七章 房地产交易税费相关制度政策

考试目的

本部分的考试目的是测试应考人员对税费制度概述、契税、增值税、个人所得税、企业所得税、房产税、土地增值税、印花税、其他相关税费等内容的了解、熟悉与掌握情况。

考试内容

第一节 税费制度概述

一、税收的概念及特征
（一）概念
（二）特征
二、税收制度及构成要素
（一）纳税人
（二）征税对象
（三）计税依据
（四）税率或税额标准
（五）附加、加成和减免
1. 附加和加成是加重纳税人负担的措施
2. 减税、免税以及规定起征点和免征额是减轻纳税人的负担
（六）违章处理
三、我国现行房地产税种
（一）房地产开发环节的税收
（二）房地产交易环节的税收
（三）房地产持有环节的税收
四、房地产收费
（一）房地产开发环节的收费
1. 行政性收费
2. 经营服务性收费
（二）房地产交易环节的收费
第二节　契税
一、纳税人
二、征税对象
三、计税依据
四、税率
五、纳税环节和纳税期限
六、减税、免税规定
七、其他有关规定
第三节　增值税
一、纳税人
二、征税对象
三、计税依据

四、税率

五、计税方法

（一）一般计税方法

（二）简易计税方法

（三）增值税起征点幅度

六、纳税环节和纳税期限

七、营业税改增值税试点有关事项的规定

（一）对不动产经营租赁服务的主要规定

（二）销售不动产的增值税规定

（三）个人转让不动产缴纳增值税的有关规定

1. 个人转让不动产的取得形式

2. 个人转让不动产的计税依据与税率

3. 个人转让不动产的合法有效凭证

（四）营改增后转让不动产缴纳增值税差额扣除

八、减税、免税规定

（一）增值税免征项目

（二）销售及出租不动产时增值税的减税、免税规定

（三）增值税减免的其他事项

第四节 个人所得税

一、纳税人

二、征税对象

三、计税依据

四、税率

五、纳税环节和纳税期限

六、个人转让住房征收个人所得税具体规定

七、减税、免税规定

第五节 企业所得税

一、纳税人

二、征税对象

三、计税依据

四、应纳税额

五、税率

六、纳税环节和纳税期限

七、房地产开发企业所得税预缴税款的处理

第六节　房产税

一、纳税人

二、征税对象

三、计税依据

（一）非出租房产

（二）出租房产

四、税率

五、纳税环节和纳税期限

六、减税、免税规定

七、具备房屋功能的地下建筑的房产税政策

第七节　土地增值税

一、纳税人

二、征税对象

三、计税依据

（一）土地增值税额与扣除项目

（二）土地增值税扣除项目的具体内容

四、税率

（一）土地增值税的税率划分

（二）土地增值税额的简化计算

五、纳税环节和纳税期限

六、减税、免税规定

七、营改增后土地增值税的若干征管规定

（一）营改增后土地增值税应税收入的确认

（二）与转让房地产有关的税金扣除

（三）营改增前后土地增值税清算的计算

（四）营改增后旧房转让时的扣除

第八节　印花税

一、纳税人

二、税目、税率

三、免税规定

四、印花税其他相关规定

第九节　其他相关税费

一、城镇土地使用税

（一）纳税人

（二）征税对象

（三）计税依据

（四）税率

（五）纳税环节和纳税期限

（六）减税、免税规定

1. 政策性免税

2. 地方性免税

二、耕地占用税

（一）纳税人

（二）征税对象

（三）计税依据

（四）税率

（五）纳税环节和纳税期限

（六）减税、免税规定

三、城市维护建设税和教育费附加

（一）城市维护建设税

（二）教育费附加

四、房地产税收相关优惠政策

（一）经济适用住房的税收优惠政策

（二）公共租赁住房建设和运营的税收优惠政策

考试要求

1. 了解税收特征与现行房地产业的税种；
2. 熟悉房地产收费；
3. 熟悉契税纳税人转移土地、房屋权属的行为；
4. 熟悉契税计税依据；
5. 掌握契税税率税及减免规定；
6. 熟悉契税其他有关规定；
7. 熟悉增值税的概念与征税对象；
8. 熟悉增值税计税依据；
9. 掌握营业税改增值税试点有关事项的规定；

10. 熟悉增值税减免规定；
11. 了解与转让住房有关的征收个人所得税具体规定；
12. 熟悉个人所得税减免规定；
13. 了解企业所得税规定；
14. 熟悉房地产开发企业所得税预缴税款的处理；
15. 掌握房产税计税依据与税率；
16. 掌握房产税减免规定；
17. 熟悉具备房屋功能的地下建筑的房产税政策；
18. 了解土地增值税的计税依据与减免规定；
19. 熟悉营改增后旧房转让时的扣除；
20. 熟悉印花税税目、税率与免税规定；
21. 了解城镇土地使用税的计税依据与减免规定；
22. 熟悉城市维护建设税的征收范围、计税依据与税率；
23. 熟悉教育费附加的计征依据、税率与免征规定；
24. 掌握房地产税收相关优惠政策。

第八章 不动产登记相关制度政策

考试目的

本部分的考试目的是测试应考人员对不动产登记制度概述、不动产登记类型、不动产登记程序、不动产登记资料查询等内容的了解、熟悉与掌握情况。

考试内容

第一节 不动产登记制度概述
一、不动产登记的概念和范围
（一）不动产登记的概念
（二）不动产登记的范围
二、不动产登记制度的类型
（一）契据登记制
（二）产权登记制
1. 权利登记制

2. 托伦斯登记制

三、不动产登记的目的

（一）保护不动产权利人的合法权益

（二）维护不动产交易安全

（三）利于国家对不动产进行管理、征收赋税和进行宏观调控

四、不动产登记的原则

（一）依申请登记原则

（二）一体登记原则

（三）连续登记原则

（四）属地登记原则

五、不动产登记簿

（一）不动产单元

（二）不动产登记簿

（三）不动产登记簿记载事项

六、不动产物权生效时间

（一）法定生效

（二）事实行为成就时生效

（三）登记生效

七、不动产登记机构

（一）不动产登记机构设置

（二）不动产登记机构职责

第二节　不动产登记类型

一、按照登记业务类型分类

（一）首次登记

（二）变更登记

（三）转移登记

（四）注销登记

（五）更正登记

（六）异议登记

（七）预告登记

（八）查封登记

（九）抵押权登记

二、按照登记物类型分类

（一）土地登记

（二）房屋登记

（三）林权登记

（四）海域登记

三、按照登记物权分类

（一）不动产所有权登记

（二）不动产他项权利登记

第三节　不动产登记程序

一、申请

1. 共同申请

2. 单方申请

二、受理

三、审核

四、登簿

五、发证

六、申请登记所需材料

（一）国有建设用地使用权和房屋所有权登记所需材料

（二）土地、房屋抵押权登记所需材料

（三）更正登记所需材料

（四）异议登记所需材料

（五）预购商品房预告登记所需材料

（六）申请材料的一般要求

七、不动产登记收费

（一）登记收费标准

（二）登记优惠收费标准

第四节　不动产登记资料的查询

一、不动产登记资料查询概述

二、不动产登记资料的查询程序

（一）查询人提出查询申请

（二）查询机构提供查询

（三）查询结果证明的出具

三、对查询机构和查询人的要求

（一）对查询机构的要求

（二）对查询人的要求

考试要求

1. 熟悉不动产登记的概念；
2. 了解不动产登记制度的类型；
3. 熟悉不动产登记簿的内容；
4. 了解不动产登记的目的；
5. 熟悉不动产生效情形；
6. 熟悉不动产登记机构；
7. 掌握不动产登记业务类型；
8. 熟悉不动产登记按登记物分类和登记物权的分类；
9. 掌握不动产登记的程序及要件；
10. 了解不动产登记资料查询的法规政策规定；
11. 熟悉不动产登记资料查询的程序和要求。

第九章　房地产广告相关制度政策

考试目的

本部分的考试目的是测试应考人员对房地产广告概述、房地产广告发布规定、房地产广告发布的禁止行为等内容的了解、熟悉与掌握情况。

考试内容

第一节　房地产广告概述
一、房地产广告的含义和特点
二、房地产广告应当遵守的原则
（一）合法性原则
（二）真实性原则
（三）科学性原则
第二节　房地产广告发布规定
一、房地产广告管理
二、发布房地产广告应当提供的文件

三、房地产广告的内容
四、发布房地产广告的具体要求
第三节　房地产广告发布的禁止行为
一、禁止发布房地产广告的几种情形
1. 禁止发布房地产虚假广告
2. 凡下列情况的房地产不得发布广告
3. 有下列情形之一的，不得设置户外广告
4. 其他不得发布广告的情形
二、房地产广告不得包含的内容
三、违法违规行为的处罚

考试要求

1. 熟悉房地产广告应当遵守的原则；
2. 熟悉发布房地产广告应提供的文件；
3. 掌握房地产广告的内容；
4. 掌握发布房地产广告的具体要求；
5. 掌握房地产广告发布禁止的情形；
6. 熟悉房地产广告不得包含的内容。

第二部分
房地产经纪职业导论

第一章 房地产经纪概述

考试目的

测试应考人员对房地产经纪的含义、分类、特点、地位和作用的掌握程度;对房地产经纪的必要性的熟悉程度;对房地产经纪的产生和发展情况的了解程度。

考试内容

第一节 房地产经纪的含义与分类
一、房地产经纪的含义
(一)经纪的含义
(二)房地产经纪的含义
(三)相关概念辨析
1. 经纪与中介
2. 经纪与代理、居间
3. 经纪与经销、行纪、包销
二、房地产经纪的分类
(一)房地产居间
(二)房地产代理
第二节 房地产经纪的特性
一、经纪的特性
(一)活动主体的专业性
(二)活动地位的中介性
(三)活动内容的服务性
(四)活动收入的后验性
二、房地产经纪专有特性
(一)活动范围的地域性
(二)活动后果的社会性
第三节 房地产经纪的作用
一、房地产经纪的必要性
(一)房地产的特殊性决定房地产经纪必不可少

（二）房地产交易的复杂性决定房地产经纪必不可少

（三）房地产信息的不对称性决定房地产经纪必不可少

二、房地产经纪的具体作用

（一）降低交易成本，提高交易效率

（二）规范交易行为，保障交易安全

（三）促进交易公平，维护合法权益

第四节　房地产经纪的产生与发展

一、房地产经纪的产生与历史沿革

（一）房地产经纪是商品经济发展到一定阶段的产物

（二）房地产经纪行业发展的历史进程

1. 中国大陆房地产经纪行业的发展（1949年以后）

2. 中国香港地区房地产经纪行业的发展（1949年以后）

3. 中国台湾地区房地产经纪行业的发展（1949年以后）

4. 西方国家房地产经纪行业发展概况

二、房地产经纪行业发展现状

（一）房地产经纪行业的规模

（二）房地产经纪行业的地位

三、房地产经纪行业发展展望

考试要求

掌握房地产经纪的含义、分类、特点、地位和作用，熟悉房地产经纪的必要性，了解房地产经纪的产生和发展情况。

第二章　房地产经纪专业人员

考试目的

测试应考人员对房地产经纪专业人员职业资格制度的相关规定，房地产经纪专业人员的权利和义务、职业道德和职业责任的掌握程度；对房地产经纪专业人员应具备的职业素养和职业技能的了解程度。

考试内容

第一节 房地产经纪专业人员职业资格
一、房地产经纪专业人员职业资格概述
二、房地产经纪专业人员职业资格考试
（一）考试组织管理
1. 考试组织
2. 考试科目
3. 成绩管理
4. 免试规定
（二）报考条件
1. 房地产经纪专业人员职业资格考试报名基本条件
2. 房地产经纪人协理职业资格考试报名附加条件
3. 房地产经纪人职业资格考试报名附加条件
4. 境外人员报考
（三）房地产经纪专业人员职业资格证书
三、房地产经纪专业人员职业资格互认
四、房地产经纪专业人员职业资格登记
（一）登记条件
（二）登记程序
（三）登记类别
1. 初始登记
2. 延续登记
3. 变更登记
4. 登记注销
5. 登记取消
（四）登记有效期及登记证书的使用与管理
五、房地产经纪专业人员继续教育
（一）继续教育的组织管理
（二）继续教育学时
（三）继续教育方式
（四）继续教育内容
第二节 房地产经纪专业人员的权利和义务

一、房地产经纪专业人员的权利

二、房地产经纪专业人员的义务

第三节 房地产经纪专业人员的职业素养与职业技能

一、房地产经纪专业人员的职业素养

(一) 房地产经纪专业人员的知识结构

(二) 房地产经纪专业人员的心理素质

1. 自知、自信

2. 乐观、开朗

3. 积极、主动

4. 坚韧、奋进

二、房地产经纪专业人员的职业技能

(一) 信息收集的技能

(二) 产品分析的技能

(三) 市场分析的技能

(四) 人际沟通的技能

(五) 供需搭配的技能

(六) 议价谈判的技能

(七) 交易促成的技能

第四节 房地产经纪专业人员的职业道德与职业责任

一、房地产经纪专业人员职业道德的内涵、形成及作用

(一) 职业道德的内涵、形成及作用

(二) 房地产经纪专业人员职业道德的内涵

(三) 房地产经纪专业人员职业道德的形成

(四) 房地产经纪专业人员职业道德的作用

二、房地产经纪专业人员职业道德的主要内容

(一) 遵纪守法

(二) 规范执业

(三) 诚实守信

(四) 尽职尽责

(五) 公平竞争

三、房地产经纪专业人员的职业责任

(一) 房地产经纪专业人员职业责任的内涵

(二) 房地产经纪专业人员执业中的民事法律责任

（三）房地产经纪专业人员违纪执业的行政责任
（四）房地产经纪专业人员的刑事责任

考试要求

掌握房地产经纪专业人员职业资格制度的相关规定，包括房地产经纪专业人员职业资格的内涵、职业资格考试、登记、继续教育以及资格互认的要求等，掌握房地产经纪专业人员的权利和义务、职业道德和职业责任，了解房地产经纪专业人员的职业素养与职业技能。

第三章 房地产经纪机构的设立与内部组织

考试目的

测试应考人员对房地产经纪机构设立和备案的条件与程序、房地产经纪机构的权利和义务以及房地产经纪机构与房地产经纪人员关系的掌握程度；对房地产经纪机构的特点与类型、房地产经纪机构经营模式的熟悉程度；对房地产经纪机构组织系统的了解程度。

考试内容

第一节 房地产经纪机构的设立与备案
一、房地产经纪机构的界定、特点与类型
（一）房地产经纪机构的界定
（二）房地产经纪机构的特点
1. 房地产经纪机构是企业性质的中介服务机构
2. 房地产经纪机构是轻资产类型的企业
3. 房地产经纪机构的企业规模具有巨大的可选择范围
（三）房地产经纪机构的类型
1. 按主营业务范围划分的房地产经纪机构类型
2. 按企业组织形式划分的房地产经纪机构类型
二、房地产经纪机构的设立
（一）房地产经纪机构设立的条件
（二）房地产经纪机构设立的程序

1. 工商登记
2. 备案

三、房地产经纪机构的变更与注销

（一）房地产经纪机构的变更

（二）房地产经纪机构的注销

四、房地产经纪机构的权利和义务

（一）房地产经纪机构的权利

（二）房地产经纪机构的义务

五、房地产经纪机构与房地产经纪从业人员的关系

（一）执业关系

（二）法律责任关系

（三）经济关系

第二节　房地产经纪机构的经营模式

一、房地产经纪机构经营模式的含义与类型

（一）房地产经纪机构经营模式的含义

（二）房地产经纪机构经营模式的类型

1. 无店铺经营模式
2. 单店经营模式
3. 连锁经营模式
4. 联盟经营模式

二、直营连锁与特许加盟连锁经营模式的比较

三、房地产经纪机构经营模式的演进

（一）境外房地产经纪机构经营模式演进

（二）中国大陆房地产经纪机构经营模式演进

第三节　房地产经纪机构的组织系统

一、房地产经纪机构的组织结构形式

（一）企业的组织结构

（二）房地产经纪机构的组织结构形式

1. 直线—职能制组织结构形式
2. 事业部制组织结构形式
3. 矩阵制组织结构形式
4. 网络制组织结构形式

二、房地产经纪机构的部门设置

（一）业务部门
1. 公司总部的业务部门
2. 连锁店（办事处）
（二）业务支持部门
1. 交易管理部
2. 网络信息部
3. 研究拓展部
4. 权证部
5. 法务部
（三）客户服务部门
（四）基础部门
三、房地产经纪机构的岗位设置
（一）岗位设置原则
（二）主要岗位
1. 业务序列
2. 研发序列
3. 管理序列
4. 业务支持序列
5. 辅助序列

考试要求

熟悉房地产经纪机构的特点与类型，掌握房地产经纪机构设立和备案的条件与程序、房地产经纪机构的权利和义务以及房地产经纪机构与房地产经纪从业人员的关系；熟悉房地产经纪机构的经营模式；了解房地产经纪机构的组织系统。

第四章 房地产经纪机构的企业管理

考试目的

测试应考人员对房地产经纪风险管理内容的掌握程度；对房地产经纪机构运营管理内容的熟悉程度；对房地产经纪机构战略与品牌管理、人力资源和客户关系管理内容的了解程度。

考试内容

第一节 房地产经纪机构的战略与品牌管理

一、房地产经纪机构的战略管理

（一）房地产经纪机构战略管理的含义

（二）房地产经纪机构战略管理的内容

1. 明确企业使命
2. 外部环境与内部条件分析
3. 制定战略目标
4. 业务领域选择
5. 经营模式选择
6. 战略控制

（三）房地产经纪机构的战略选择

1. 房地产经纪机构的经营战略选择
2. 房地产经纪机构的扩张战略选择

二、房地产经纪机构的品牌管理

（一）房地产经纪机构品牌管理的含义

（二）房地产经纪机构品牌管理的内容

1. 房地产经纪机构品牌的建立
2. 房地产经纪机构品牌的维护

第二节 房地产经纪机构的人力资源与客户关系管理

一、房地产经纪机构的人力资源管理

（一）房地产经纪机构人力资源管理的含义和特征

1. 合法性
2. 人本性
3. 互惠性
4. 战略性

（二）房地产经纪机构人力资源管理的内容

1. 岗位分析与设计
2. 人力资源规划
3. 员工招聘与选拔
4. 绩效考评
5. 薪酬管理

6. 员工激励
7. 培训与开发
8. 职业生涯规划
9. 人力资源会计
10. 劳动关系管理

(三)房地产经纪机构人力资源管理的主要方法
1. 设计科学的薪酬制度
2. 建立有效的激励机制
3. 加强企业自身文化建设和制度建设
4. 建立教育培训机制

二、房地产经纪机构的客户关系管理
(一)房地产经纪机构客户关系管理的含义和作用
1. 房地产经纪机构客户关系管理的含义
2. 房地产经纪机构客户关系管理的作用

(二)房地产经纪机构客户关系管理的主要内容
1. 留住老客户
2. 争取新客户

(三)房地产经纪机构客户关系管理的主要方法
1. 创建客户关系管理系统
2. 建立和维护客户资料数据库
3. 利用客户分析子系统进行客户信息分析和管理
4. 通过决策支持子系统发现问题并提出针对性的解决方案
5. 利用客户俱乐部等形式深化与客户的沟通

第三节 房地产经纪机构的运营管理

一、房地产经纪机构的业务流程管理
(一)房地产经纪机构业务流程管理的含义和主要内容
1. 房地产经纪机构业务流程管理的含义
2. 房地产经纪机构业务流程管理的主要内容

(二)房地产经纪机构业务流程管理的辅助手段
1. 建立有效的组织保障
2. 建立流程管理信息系统
3. 重塑企业文化
4. 培养复合型人才

二、房地产经纪机构的信息管理
（一）房地产经纪机构信息管理的含义
（二）房地产经纪机构信息管理的意义
（三）房地产经纪机构信息管理的内容
1. 房地产经纪信息的搜集
2. 房地产经纪信息的加工整理
3. 房地产经纪信息的储存
（四）房地产经纪机构信息管理的原则
1. 重视房地产经纪信息的系统性
2. 加强房地产经纪信息的目的性
3. 提高房地产经纪信息的时效性
4. 实现房地产经纪信息的共享性
（五）房地产经纪机构信息管理系统
1. 房地产经纪机构信息管理系统设计的原则
2. 房地产经纪机构信息管理系统的架构
第四节　房地产经纪机构的风险管理
一、房地产经纪机构风险管理的含义与主要内容
（一）房地产经纪机构风险管理的含义
1. 合理承担风险原则
2. 风险与收益对等原则
（二）房地产经纪机构风险管理的主要内容
二、房地产经纪机构风险的主要类型
（一）行政处罚风险
1. 未按政府部门要求公示相关信息引起的风险
2. 不与交易当事人签订书面房地产经纪服务合同引起的风险
3. 违规收取服务费引发的风险
4. 经纪服务合同未由经纪专业人员签字引起的风险
5. 未尽告知义务引起的风险
6. 违规对外发布房源信息引起的风险
7. 违规划转客户交易结算资金引起的风险
8. 未按规定如实记录业务情况或保存房地产经纪服务合同引起的风险
9. 不正当行为引起的风险
（二）民事赔偿风险

1. 未尽严格审查义务引起的风险
2. 协助交易当事人提供虚假信息或材料引起的风险
3. 承诺不当引起的风险
4. 产权纠纷引起的风险
5. 经纪业务对外合作的风险
6. 道德风险

三、房地产经纪机构风险识别

（一）建立风险识别系统

1. 投诉处理
2. 坏账处理

（二）提高风险识别能力

四、房地产经纪机构风险防范

（一）对外承诺标准化

1. 制定标准的对外承诺文本
2. 展示标准化文本
3. 规范档案与印章管理

（二）权限的控制与分配

（三）门店责任人培训

（四）建立监察稽核体系

（五）风险转移

考试要求

掌握房地产经纪风险管理的相关内容，熟悉房地产经纪机构运营管理相关内容，了解房地产经纪机构战略与品牌管理、人力资源和客户关系管理的内容。

第五章　房地产经纪门店与售楼处管理

考试目的

测试应考人员对房地产经纪门店的开设及日常管理相关内容的掌握程度；对商品房售楼处的设置要求和日常管理内容的了解程度。

考试内容

第一节　房地产经纪门店管理

一、房地产经纪门店的开设

(一) 门店的开设程序

(二) 门店设置的区域选择

1. 房源状况

2. 客源状况

3. 竞争程度

4. 周边环境

(三) 门店的选址

1. 门店选址的原则

2. 竞争对手分析

3. 门店环境研究

4. 门店开设的可行性研究

(四) 门店的租赁

1. 了解出租人是否有权出租店铺

2. 了解门店实际状况

3. 协商租赁条件

4. 合同签署

(五) 门店的布置

1. 门店的形象设计

2. 门店的内部设计

(六) 门店的人员配置

二、房地产经纪门店的日常管理

(一) 店长岗位职责

(二) 门店的任务目标管理

1. 门店目标的设定

2. 目标设定原则

3. 目标设定参考因素

4. 营业目标定位

5. 营业目标的分配方法

6. 制定个人目标的过程

（三）门店目标客户管理

1. 目标客户的定义标准

2. 目标客户管理方式

第二节　商品房售楼处管理

一、商品房售楼处的设置

（一）售楼处设置的工作程序

1. 售楼处功能确定

2. 售楼处的选址

3. 售楼处的布置

4. 售楼处管理制度的制定

5. 售楼处工作团队的组建

（二）售楼处的选址

（三）售楼处的布置

1. 户外功能布置

2. 人流动线设计

3. 装修装饰风格

（四）售楼处的人员配置

二、商品房售楼处的日常管理

（一）商品房售楼处的物业管理

1. 接待服务

2. 工程技术服务

3. 安保服务

4. 保洁服务

（二）商品房售楼处的人员管理

1. 售楼处销售人员岗位职责

2. 物业管理人员岗位职责

3. 工程技工岗位职责

4. 保安员岗位职责

5. 保洁员岗位职责

考试要求

熟悉房地产经纪门店的开设要求，以及日常管理的相关内容；了解商品房售楼处的设置要求和日常管理内容。

第六章 房地产经纪业务

考试目的

测试应考人员对房地产经纪基本业务一般流程的掌握程度；对房地产经纪延伸业务的熟悉程度，对房地产经纪基本业务分类和房地产经纪基本业务的网络化运作的了解程度。

考试内容

第一节 房地产经纪基本业务的分类
一、新建商品房经纪业务与存量房经纪业务
二、房地产买卖经纪业务与房地产租赁经纪业务
三、住宅经纪业务与商业房地产经纪业务
四、房地产买方代理业务与房地产卖方代理业务

第二节 房地产经纪基本业务的流程
一、新建商品房销售代理业务流程
（一）项目信息开发与整合
（二）项目研究与拓展
（三）项目签约
（四）项目执行企划
（五）销售准备
（六）销售执行
（七）项目结算
二、存量住房买卖、租赁经纪业务流程
（一）客户开拓
（二）客户接待与业务洽谈
（三）房屋查验
1. 现场查验
2. 产权调查
（四）签订房地产经纪服务合同
（五）信息收集与传播

（六）引领买方（承租方）看房

（七）协助交易达成

1. 协调交易价格

2. 促成交易

3. 协助或代理客户签订交易合同

（八）合同备案与产权登记

（九）房屋交接

（十）佣金结算

（十一）后续服务

三、商业房地产租赁代理业务流程

（一）客户开拓

（二）签订房地产经纪服务合同

（三）信息搜集与分析

（四）信息传播

（五）引领承租方查勘房屋

（六）租赁谈判与租赁合同签订

（七）办理租赁合同备案

（八）佣金结算

（九）后续服务

第三节　房地产经纪基本业务的网络化运作

一、房源管理网络化

二、房源发布网络化

三、网上房地产经纪门店

四、房地产经纪从业人员工作辅助系统

第四节　房地产经纪延伸业务

一、房地产交易相关手续代办服务

（一）不动产登记信息查询

（二）不动产登记申请

（三）房地产抵押贷款申请

二、房地产咨询服务

（一）房地产投资咨询

（二）房地产价格咨询

（三）法律咨询

三、房地产交易保障服务
（一）房屋质量保证
（二）房地产交易履约保证

考试要求

掌握房地产经纪基本业务的流程，熟悉房地产经纪延伸业务；了解房地产经纪基本业务分类和房地产经纪基本业务的网络化运作。

第七章　房地产经纪服务合同

考试目的

测试应考人员对存量房经纪服务合同、新建商品房销售代理合同、新建商品房销售委托书的主要内容及签订有关重要事项的掌握程度；对房地产经纪服务合同的含义、特征和作用的熟悉程度。

考试内容

第一节　房地产经纪服务合同概述
一、房地产经纪服务合同的含义
二、房地产经纪服务合同的特征
（一）房地产经纪服务合同是双务合同
（二）房地产经纪服务合同是有偿合同
（三）房地产经纪服务合同是书面形式的合同
三、房地产经纪服务合同的作用
（一）有效保障合同当事人的合法权益
（二）维护和保证市场交易的安全与秩序
（三）将房地产经纪机构的服务"产品化"
四、房地产经纪服务合同的内容
（一）房地产经纪服务合同的基本内容
1. 房地产经纪服务双方当事人的姓名（名称）、住所等情况和从事业务的房地产经纪专业人员的情况
2. 房地产经纪服务的项目、内容、要求以及完成的标准

3. 服务费用及支付方式

4. 合同当事人的权利和义务

5. 委托期限

6. 违约责任和纠纷解决方式

（二）房地产经纪服务合同的补充内容

五、签订房地产经纪服务合同的有关重要事项

（一）房地产经纪机构的书面告知义务

1. 是否与委托房屋有利害关系

2. 应当由委托人协助的事宜、提供的资料

3. 委托房屋的市场参考价格

4. 房屋交易的一般程序及可能存在的风险

5. 房屋交易涉及的税费

6. 经纪服务的内容及完成标准

7. 经纪服务收费标准和支付时间

8. 其他需要告知的事项

（二）房地产经纪机构的验证义务

1. 查看委托人身份证明

2. 查看委托出售、出租的房屋及房屋权属证书

（三）房地产经纪机构对合同履行的监督

（四）房地产经纪机构对合同文本的保存

（五）委托人的相关义务

第二节　存量房经纪服务合同

一、房屋出售经纪服务合同

（一）签订房屋出售经纪服务合同的注意事项

1. 认真查验交易房屋的权属状况

2. 经委托人同意再对外公布房源信息

3. 详尽告知委托人相关税费政策

4. 委托方式选择

5. 房屋出售经纪业务中的延伸服务

（二）房屋出售经纪服务合同的主要内容

1. 出售房地产的基本情况

2. 房地产经纪基本服务及延伸服务的项目、内容、要求以及完成的标准

3. 出售价格

二、房屋购买经纪服务合同

（一）签订房屋购买经纪服务合同的注意事项

1. 明确委托人的购房需求
2. 购买人相关税费政策的说明
3. 房屋购买经纪业务中的延伸服务

（二）房屋购买经纪服务合同的主要内容

1. 购买房地产的基本要求
2. 房地产经纪服务的项目、内容、要求以及完成的标准
3. 委托购买价格

三、房屋出租经纪服务合同

（一）签订房屋出租经纪服务合同的注意事项

1. 认真查验房屋物质状况，经委托人同意后对外公布房源信息
2. 详细了解委托人租赁要求
3. 房屋出租经纪业务中的延伸服务

（二）房屋出租经纪服务合同的主要内容

1. 出租房屋的基本情况
2. 房地产经纪服务的项目、内容、要求以及完成的标准
3. 委托出租条件

四、房屋承租经纪服务合同

（一）签订房屋承租经纪服务合同的注意事项

1. 明确委托人租赁要求
2. 房屋承租经纪业务中的延伸服务

（二）房屋承租经纪服务合同的主要内容

1. 承租房屋的基本要求
2. 房地产经纪服务的项目、内容、要求以及完成的标准
3. 委托承租价格

第三节　新建商品房销售代理合同

一、新建商品房销售代理合同的主要内容

1. 新建商品房销售代理合同双方当事人的名称、地址等情况
2. 新建商品房的基本情况
3. 房地产经纪服务的项目、内容、要求以及完成的标准
4. 委托期限与方式
5. 经纪服务费用及其支付方式

6. 委托方的权利义务
7. 房地产经纪机构的权利义务
8. 违约责任
9. 合同变更与解除
10. 合同纠纷解决方式
二、新建商品房销售委托书

考试要求

掌握存量房经纪服务合同、新建商品房销售代理合同、新建商品房销售委托书的主要内容及签订有关重要事项；熟悉房地产经纪服务合同的含义、特征和作用。

第八章　房地产经纪执业规范

考试目的

测试应考人员对房地产经纪执业规范主要内容的掌握程度；对房地产经纪执业的基本原则的熟悉程度；对房地产经纪执业规范的概念、作用以及制定和执行的了解程度。

考试内容

第一节　房地产经纪执业规范概述
一、房地产经纪执业规范的概念
二、房地产经纪执业规范的作用
三、房地产经纪执业规范的制定和执行
（一）房地产经纪执业规范的制定
（二）房地产经纪执业规范的执行
1. 经纪人员的自律
2. 经纪机构的强制
3. 行业组织的管理
4. 社会大众的监督
第二节　房地产经纪执业基本原则

一、合法原则

二、自愿原则

三、平等原则

四、公平原则

五、诚信原则

第三节 房地产经纪执业规范的主要内容

一、业务招揽规范

二、业务承接规范

（一）重要信息告知

1. 是否与标的房屋存在利害关系

2. 应当由委托人协助的事宜、提供的资料

3. 委托房屋的市场参考价格

4. 房屋交易的一般程序及可能存在的风险

5. 房屋交易涉及的税费

6. 经纪服务的内容及完成标准

7. 经纪服务收费标准和支付时间

8. 其他需要告知的事项

（二）房地产经纪服务合同签订

1. 选用房地产经纪服务合同推荐文本

2. 出示和查看有关证明文件

3. 安排房地产经纪专业人员为承办人

（三）业务联合承接及转委托

三、业务办理规范

（一）发布房源信息或者房地产广告

（二）及时报告订约机会等信息

（三）撮合成交

（四）协助签订房地产交易合同

（五）交易资金监管

四、服务费用收取规范

五、资料签署和保存规范

（一）重要文书签章

（二）业务记录

（三）资料保管

六、信息保密规范
七、处理与同行关系的行为规范
（一）同行及同业间的尊重与合作
（二）禁止不正当竞争
八、处理与社会关系的行为规范
（一）禁止误导社会公众、扰乱市场秩序
（二）配合监督检查
（三）承担社会责任

考试要求

掌握房地产经纪执业规范的主要内容，熟悉房地产经纪执业的基本原则，了解房地产经纪执业规范的概念、作用以及制定和执行。

第九章 房地产经纪行业管理

考试目的

测试应考人员对我国房地产经纪行业监管部门、监管方式和监管内容的掌握程度；对房地产经纪行业组织的性质和组织形式、管理职责以及自律管理体系的熟悉程度；对房地产经纪行业管理的含义和作用、基本原则、基本模式和重要内容的了解程度。

考试内容

第一节 房地产经纪行业管理概述
一、房地产经纪行业管理的含义与作用
二、房地产经纪行业管理的基本原则
（一）创造良好条件，鼓励行业发展
（二）遵循行业规律，实施专业管理
（三）推进行业立法，严格依法管理
（四）健全行业组织，加强行业自律
（五）顺应市场机制，维护有序竞争
三、房地产经纪行业管理的基本模式

（一）行政监管模式
（二）行业自律模式
（三）行政监管与行业自律结合模式
四、房地产经纪行业管理的主要内容
（一）房地产经纪行业的专业性管理
1. 对房地产经纪活动主体实行专业资质、资格管理
2. 对房地产经纪从业人员的职业风险进行管理
3. 对房地产经纪活动实行属地管理
（二）房地产经纪行业的规范性管理
1. 房地产经纪执业规范
2. 房地产经纪服务收费
（三）房地产经纪行业的公平性管理
1. 行业竞争与合作的管理
2. 房地产经纪业的诚信管理
3. 房地产经纪纠纷管理

第二节　我国房地产经纪行业行政监管
一、我国房地产经纪行业行政监管部门
二、我国房地产经纪行业行政监管的方式和内容
（一）我国房地产经纪行业监管方式
（二）我国房地产经纪行业监管内容
1. 事前管理
2. 事中管理
3. 事后管理
三、我国房地产经纪行业纠纷管理
（一）房地产经纪行业常见纠纷
（二）防范规避经纪纠纷的措施
1. 制定推行示范合同文本
2. 制定服务流程和服务标准，明确服务要求和内容
3. 加强房地产经纪服务收费管理
4. 加强房地产经纪行业信用管理
5. 加大行业管理的行政处罚力度，提高房地产经纪机构不规范操作的违规成本
6. 增强房地产经纪从业人员的守法意识

7. 定期组织培训和考核，提高经纪机构和人员业务素质
（三）对违规房地产经纪行为的处罚
第三节　我国房地产经纪行业自律管理
一、房地产经纪行业组织的性质和组织形式
二、房地产经纪行业组织的自律管理职责
三、我国的房地产经纪行业自律管理体系

考试要求

掌握我国房地产经纪行业监管部门、监管方式和监管内容，熟悉房地产经纪行业组织的性质和组织形式、管理职责以及自律管理体系，了解房地产经纪行业管理的含义和作用、基本原则、基本模式和重要内容。

第三部分
房地产经纪专业基础

第一章 房地产和住宅

考试目的

本部分的考试目的是测试应考人员对作为房地产经纪对象的房地产特别是住宅的认知程度,包括对房地产的概念、重要性和主要特性,住房的概念、类型和性能评定,房地产面积以及房地产形象展示等的了解、熟悉和掌握程度。

考试内容

第一节 房地产概述
一、房地产的概念
(一)房地产的含义
(二)土地、建筑物和其他相关定着物的含义
1. 土地的含义
2. 建筑物的含义
3. 其他相关定着物的含义
(三)房地产实物、权益和区位的含义
1. 房地产实物的含义
2. 房地产权益的含义
3. 房地产区位的含义
二、房地产的重要性
三、房地产的主要特性
(一)不可移动
(二)各不相同
(三)寿命长久
(四)供给有限
(五)价值较大
(六)用途多样
(七)相互影响
(八)易受限制
(九)难以变现

（十）保值增值

第二节 住宅及其类型

一、住宅的概念

二、住宅的类型

（一）存量住宅和增量住宅

（二）现房和期房

（三）毛坯房、简装房和精装房

（四）平房和楼房

（五）低层住宅、多层住宅和高层住宅

（六）独立式住宅、双拼式住宅、联排式住宅、叠拼式住宅和公寓式住宅

（七）低密度住宅和高密度住宅

（八）板式住宅、塔式住宅和板塔结合住宅

（九）单元式住宅、通廊式住宅和内天井式住宅

（十）平层住宅、错层住宅、复式住宅和跃层住宅

（十一）成套住宅和非成套住宅

（十二）纯住宅、酒店式公寓、商住房和类住宅

（十三）普通住房和非普通住房

（十四）商品住房和其他住房

（十五）完全产权住房和非完全产权住房

（十六）完好房、基本完好房、一般损坏房、严重损坏房和危险房

（十七）住宅的其他类型

三、住宅性能评定

（一）住宅适用性能及其评定内容

（二）住宅环境性能及其评定内容

（三）住宅经济性能及其评定内容

（四）住宅安全性能及其评定内容

（五）住宅耐久性能及其评定内容

第三节 房地产面积

一、房地产面积的作用

二、房屋面积的种类

（一）建筑面积及其组成

（二）不同阶段的房屋面积

三、得房率和实用率

四、土地面积的种类

第四节 房地产形象展示

一、地图和地形图

二、房地产图

（一）户型图

（二）房产分户图

（三）宗地图

三、房地产照片和VR看房

四、房地产沙盘、模型和样板房

五、建筑总平面图和建筑平面图

（一）建筑总平面图

（二）建筑平面图

考试要求

1. 熟悉房地产的概念、重要性和主要特性；
2. 熟悉住宅的概念；
3. 掌握住宅的类型；
4. 了解住宅性能评定；
5. 熟悉房地产面积的作用；
6. 掌握房屋面积的种类；
7. 熟悉得房率和实用率；
8. 了解土地面积的种类；
9. 熟悉地图和地形图；
10. 掌握户型图；
11. 了解房产分户图和宗地图；
12. 熟悉房地产照片、VR看房、沙盘、模型和样板房；
13. 了解建筑总平面图和建筑平面图。

第二章 建筑和装饰装修

考试目的

本部分的考试目的是测试应考人员对建筑和装饰装修的认知程度，包括对建筑物的主要种类、主要要求，建筑构造、房屋设施设备、建筑材料以及建筑装饰装修等的了解、熟悉和掌握程度。

考试内容

第一节 建筑概述

一、建筑物的主要分类

（一）根据建筑物使用性质的分类

1. 民用建筑

2. 工业建筑

3. 农业建筑

（二）根据建筑结构的分类

1. 砖木结构建筑

2. 砖混结构建筑

3. 钢筋混凝土结构建筑

4. 钢结构建筑

5. 其他结构建筑

（三）根据建筑施工方法的分类

1. 现浇现砌式建筑

2. 装配式建筑

3. 部分现浇现砌、部分装配式建筑

（四）根据建筑设计使用年限的分类

二、对建筑物的主要要求

（一）对建筑物安全的要求

（二）对建筑物适用的要求

（三）对建筑物经济的要求

（四）对建筑物美观的要求

第二节 建筑构造

一、建筑构造组成

二、地基和基础

（一）地基

（二）基础

三、墙体和柱

（一）墙体

1. 墙体的作用
2. 对墙体的要求
3. 墙体的类型

（二）柱

四、门和窗

五、地面、楼板和梁

（一）地面

（二）楼板

（三）梁

六、楼梯

七、屋顶

第三节　房屋设施设备

一、给水排水系统及设备

（一）给水系统及设备

1. 给水的种类
2. 给水的方式
3. 热水供应系统
4. 分质给水系统

（二）排水系统及设备

二、供电系统及设备

（一）供电的种类

（二）电压和用电负荷

（三）供电系统及设备的内容

三、燃气系统及设备

四、供暖系统及设备

五、通风和空调系统及设备

（一）通风系统及其分类

（二）空调系统及其分类

六、电梯

七、综合布线系统和楼宇智能化

（一）综合布线系统

（二）楼宇智能化

（三）智能化住宅与智能化居住区

1. 智能化住宅的基本要求
2. 智能化居住区的基本要求

八、设备层和管道井

第四节 建筑材料

一、建筑材料的种类

二、建筑装饰材料的种类

三、建筑材料的基本性质

（一）建筑材料的物理性质

1. 与质量有关的性质
2. 与水有关的性质
3. 与温度有关的性质

（二）建筑材料的力学性质

（三）建筑材料的耐久性

第五节 建筑装饰装修

一、建筑装饰装修概述

（一）建筑装饰装修的概念

（二）建筑装饰装修的作用

（三）建筑装饰装修的基本要求

1. 室外装饰装修的基本要求
2. 室内装饰装修的基本要求
3. 建筑装饰装修选材的基本要求

二、建筑装饰装修风格

（一）室外装饰装修风格

1. 古典主义风格
2. 新古典主义风格
3. 现代主义风格
4. 后现代主义风格

（二）室内装饰装修风格

1. 传统风格
2. 现代风格
3. 自然风格
4. 混合风格

三、室外装饰装修

（一）建筑物的外观视觉

1. 统一与变化

2. 尺度与比例

3. 均衡与稳定

4. 韵律与对比

（二）建筑物的外观色彩

1. 色彩的基本知识

2. 建筑物外观色彩的影响因素

（三）外墙面的装饰装修

1. 清水墙饰面

2. 抹灰类饰面

3. 涂料类饰面

4. 贴面类饰面

5. 铺钉类饰面

6. 幕墙饰面

四、室内装饰装修

（一）室内装饰装修色彩和质感

1. 室内装饰装修的色彩要点

2. 室内装饰材料的质感与选择

（二）室内墙面的装饰装修

1. 室内墙面的种类

2. 室内墙面的基本构造

（三）室内地面的装饰装修

1. 室内地面的性能

2. 室内地面的种类

3. 室内地面的基本构造

（四）顶棚的装饰装修

1. 直接式顶棚

2. 悬吊式顶棚

考试要求

1. 熟悉建筑物的主要种类；

2. 掌握对建筑物的主要要求；

3. 熟悉建筑构造；
4. 熟悉房屋设施设备；
5. 了解建筑材料的种类和基本性质；
6. 熟悉建筑装饰材料的种类；
7. 熟悉建筑装饰装修的概念、作用和基本要求；
8. 了解建筑装饰装修风格；
9. 了解室外装饰装修；
10. 熟悉室内装饰装修。

第三章 城市和环境景观

考试目的

本部分的考试目的是测试应考人员对城市和环境景观的认知程度，包括对城市、城市化、城市规划、城市居住区，环境和景观的概念和分类，住宅的环境好坏，景观要素和评价，以及环境污染等的了解、熟悉和掌握程度。

考试内容

第一节 城市和城市化
一、城市的概念和类型
（一）城市的概念
（二）城市的类型
1. 根据城市规模的分类
2. 根据城市职能的分类
3. 根据城市行政等级的分类
4. 城市的其他分类
二、城市的区域范围
三、城市的功能分区
四、城市化
（一）城市化的概念和衡量指标
（二）城市化发展阶段
（三）城市化的类型

1. 向心型城市化与离心型城市化
2. 外延型城市化与飞地型城市化
第二节　城市规划和居住区
一、城市规划相关术语和指标
二、城市居住区的规模和分级
三、城市居住区的区位选择
四、城市居住区的配套设施
五、城市居住区的绿地和道路
第三节　环境和景观
一、环境的概念
二、环境的分类
三、住宅的环境好坏
四、景观及其相关概念
（一）景观的含义
（二）景观与环境的关系
（三）景观与园林的异同
五、景观的分类
（一）自然景观和人文景观
（二）软景观和硬景观
六、景观要素
七、景观评价
第四节　环境污染
一、环境污染概述
（一）环境污染的概念
（二）环境污染的类型
（三）环境污染源
1. 环境污染源的概念
2. 环境污染源的类型
二、噪声污染
（一）噪声污染的概念
（二）噪声污染的特征
（三）噪声的危害
（四）噪声污染源

1. 交通噪声
2. 生活噪声
3. 工业噪声
4. 建筑施工噪声

三、空气污染

(一) 空气污染的概念

(二) 空气污染物的类型和危害

1. 颗粒污染物及其危害
2. 气态污染物及其危害

(三) 空气污染源

1. 主要空气污染源
2. 空气污染源的源强和源高及其影响

四、水污染

(一) 水污染的概念

(二) 水污染物及其危害

五、固体废物污染

(一) 固体废物的概念和种类

(二) 固体废物的危害

1. 城市垃圾及其危害
2. 工业固体废物及其危害

六、辐射污染

(一) 辐射污染的种类

(二) 电磁辐射污染

1. 电磁辐射污染的概念
2. 光污染及其危害
3. 其他电磁辐射污染及其危害

(三) 放射性辐射污染

1. 放射性辐射污染的概念
2. 放射性辐射污染的来源
3. 放射性辐射污染的危害

七、室内环境污染

(一) 室内环境污染概述

(二) 室内环境污染的来源

（三）建筑材料和装修材料的室内环境污染

考试要求

1. 熟悉城市的概念、类型和区域范围；
2. 掌握城市功能分区；
3. 熟悉城市化；
4. 掌握城市规划相关术语和指标；
5. 熟悉城市居住区的规模、分级、区位选择、配套设施；
6. 了解城市居住区的绿地和道路；
7. 熟悉环境的概念和分类；
8. 掌握住宅的环境好坏；
9. 熟悉景观及其相关概念和分类；
10. 了解景观要素；
11. 熟悉景观评价；
12. 掌握环境污染的概念、类型和环境污染源；
13. 熟悉噪声污染和空气污染；
14. 了解水污染和固体废物污染；
15. 熟悉辐射污染；
16. 掌握室内环境污染。

第四章 房地产市场及其运行

考试目的

本部分的考试目的是测试应考人员对房地产市场及其运行的认知程度，包括对房地产市场的概念、要素、作用、特点、主要参与者、分类，以及房地产市场供求、市场竞争、市场波动和市场调控等的了解、熟悉和掌握程度。

考试内容

第一节 房地产市场概述
一、房地产市场的概念和要素
（一）市场的概念

（二）房地产市场的概念

（三）房地产市场的要素

二、房地产市场的作用和特点

（一）房地产市场的作用

（二）房地产市场的特点

1. 交易标的物不能移动

2. 交易标的物各不相同

3. 交易金额较大

4. 交易频次较低

5. 交易时间较长

6. 交易成本较高

7. 新房和存量房市场并存

8. 买卖和租赁市场并存

9. 市场状况各地不同

10. 交易和市场易受管制

11. 普遍需要经纪服务

三、房地产市场的主要参与者

（一）房地产供给者

1. 房地产供给者的类型

2. 房地产供给者的主要诉求

（二）房地产需求者

1. 房地产需求者的类型

2. 房地产需求者的主要诉求

（三）房地产市场服务者

1. 房地产经纪机构

2. 其他专业服务机构

（四）房地产市场管理者

第二节 房地产市场的分类

一、按房地产流转次数的分类

二、按房地产交易方式的分类

三、按房地产用途的分类

四、按区域范围的分类

五、房地产市场的其他分类

第三节　房地产市场供给与需求

一、房地产市场需求

（一）房地产市场需求的含义

（二）决定房地产需求量的因素

1. 该种房地产的价格水平

2. 消费者的收入水平

3. 人口数量或家庭数量

4. 消费者的偏好

5. 相关物品的价格水平

6. 消费者对未来的预期

二、房地产市场供给

（一）房地产市场供给的含义

（二）决定房地产供给量的因素

1. 该种房地产的价格水平

2. 该种房地产的开发成本

3. 该种房地产的开发技术水平

4. 房地产供给者对未来的预期

三、房地产供求关系

第四节　房地产市场竞争与结构

一、房地产市场竞争

二、房地产市场结构

（一）完全竞争市场

（二）垄断竞争市场

（三）寡头垄断市场

（四）完全垄断市场

第五节　房地产市场波动与调控

一、房地产市场波动

二、房地产市场周期

（一）房地产市场周期的含义

（二）房地产市场周期不同阶段的特征

1. 繁荣阶段的主要特征

2. 衰退阶段的主要特征

3. 萧条阶段的主要特征

4. 复苏阶段的主要特征
三、房地产市场走势判断
四、房地产市场调控
（一）房地产金融政策措施及其影响
（二）土地政策措施及其影响
（三）房地产税收政策措施及其影响
（四）住房保障政策措施及其影响
（五）其他方面的政策措施及其影响

考试要求

1. 熟悉房地产市场的概念和要素；
2. 掌握房地产市场的作用和特点；
3. 掌握房地产市场的主要参与者；
4. 熟悉房地产市场的分类；
5. 熟悉房地产市场需求与供给；
6. 了解房地产市场竞争与结构；
7. 熟悉房地产市场波动和周期；
8. 掌握房地产市场走势判断和市场调控。

第五章 房地产价格及其评估

考试目的

本部分的考试目的是测试应考人员对房地产价格及其评估的认知程度，包括对房地产价格的含义、特点、种类、影响因素和评估方法等的了解、熟悉和掌握程度。

考试内容

第一节 房地产价格概述
一、房地产价格的含义
二、房地产价格的特点
（一）与区位密切相关

（二）实质上是权益的价格

（三）同时有买卖价格和租赁价格

（四）易受交易者的个别情况影响

（五）形成的时间通常较长

（六）包含的内容复杂多样

第二节　房地产价格的主要种类

一、挂牌价格、成交价格和市场价格

（一）挂牌价格

（二）成交价格

（三）市场价格

二、总价格、单位价格和楼面地价

（一）总价格

（二）单位价格

（三）楼面地价

三、正常负担价、卖方净得价和买方实付价

四、真实成交价、网签备案价、计税指导价和贷款评估价

五、名义价格和实际价格

六、现房价格和期房价格

七、起价、标价、成交价和均价

八、买卖价格和租赁价格

（一）买卖价格

（二）租赁价格

九、补地价

十、市场调节价、政府指导价和政府定价

第三节　房地产价格的影响因素

一、房地产价格的影响因素概述

二、交通因素

三、人口因素

（一）人口数量

（二）人口结构

（三）人口素质

四、居民收入因素

五、物价因素

六、货币政策因素

七、利率因素

八、税收因素

（一）房地产开发环节的税收

（二）房地产交易环节的税收

（三）房地产保有环节的税收

九、心理因素

第四节　房地产价格的评估方法

一、比较法

（一）比较法概述

（二）交易实例搜集

（三）可比实例选取

（四）比较基础建立

1. 统一财产范围

2. 统一付款方式

3. 统一融资条件

4. 统一税费负担

5. 统一计价单位

（五）交易情况修正

（六）市场状况调整

（七）房地产状况调整

（八）比较价格计算

二、收益法

（一）收益法概述

（二）报酬资本化法主要公式

1. 收益期为有限年且净收益每年不变的公式

2. 收益期为无限年且净收益每年不变的公式

3. 预知未来若干年后价格的公式

（三）净收益求取

（四）报酬率求取

1. 报酬率的含义

2. 报酬率的求取方法

（五）直接资本化法

三、成本法
（一）成本法概述
（二）房地产价格构成
1. 土地取得成本
2. 建设成本
3. 管理费用
4. 销售费用
5. 投资利息
6. 销售税费
7. 开发利润
（三）成本法基本公式
（四）房地产重新购建价格
（五）建筑物折旧
1. 建筑物折旧的含义和内容
2. 测算建筑物折旧的年限法

考试要求

1. 了解房地产价格的含义；
2. 熟悉房地产价格的特点；
3. 掌握房地产价格的种类；
4. 熟悉房地产价格的影响因素；
5. 掌握房地产价格评估的比较法；
6. 熟悉房地产价格评估的收益法、成本法。

第六章 房地产投资及其评价

考试目的

　　本部分的考试目的是测试应考人员对房地产投资及其评价的认知程度，包括对房地产投资的含义、类型、特点、一般步骤和投资者的风险偏好，资金的时间价值，房地产投资项目经济评价，房地产投资风险及其应对等的了解、熟悉和掌握程度。

考试内容

第一节 房地产投资概述

一、房地产投资的含义

二、房地产投资的类型

（一）房地产投资类型概述

（二）房地产置业投资的类型

三、房地产投资的特点

（一）兼有投资和消费双重功能

（二）投资金额较大

（三）可使用资金杠杆

（四）可抵御通货膨胀

（五）投资时间通常较长

（六）投资选择的多样性

（七）投资区域的差异性

（八）投资价值的附加性

四、房地产投资的一般步骤

五、房地产投资者的风险偏好

（一）按风险偏好划分的投资者类型

（二）不同风险偏好投资者的特点

1. 保守型投资者的特点

2. 中庸保守型投资者的特点

3. 中庸型投资者的特点

4. 中庸进取型投资者的特点

5. 进取型投资者的特点

第二节 资金的时间价值

一、资金的时间价值的含义

二、单利和复利

（一）利息和利率的概念

（二）单利的计算

（三）复利的计算

（四）单利与复利的换算

三、名义利率和实际利率

（一）名义利率和实际利率问题的产生

（二）名义利率下的本利和计算

（三）名义利率与实际利率的换算

四、资金的时间价值的换算

（一）资金的时间价值换算的基本说明

1. 资金时间价值换算中的符号及其含义

2. 资金时间价值换算中的假设条件

3. 资金时间价值换算中的基本关系

（二）资金时间价值换算的常用公式

1. 将现值转换为将来值的公式

2. 将将来值转换为现值的公式

3. 将等额年金转换为将来值的公式

4. 将将来值转换为等额年金的公式

5. 将等额年金转换为现值的公式

6. 将现值转换为等额年金的公式

第三节 房地产投资项目经济评价

一、房地产投资项目经济评价概述

二、房地产投资项目现金流量测算

（一）现金流量的概念

（二）现金流量图

（三）现金流量表

三、房地产投资项目经济评价指标和方法

（一）静态评价主要指标和方法

1. 租金回报率

2. 投资收益率

3. 资本金收益率

4. 静态投资回收期

（二）动态评价主要指标和方法

1. 财务净现值

2. 财务内部收益率

3. 动态投资回收期

第四节 房地产投资风险及其应对

一、房地产投资风险的含义

二、房地产投资风险的特征

（一）客观性

（二）不确定性

（三）潜在性

（四）损益双重性

（五）可测性

（六）相关性

三、房地产投资的主要风险

（一）比较风险

（二）政策风险

（三）市场供求风险

（四）市场周期风险

（五）利率风险

（六）通货膨胀风险

（七）收益现金流风险

（八）时间风险

（九）持有期风险

（十）流动性风险

（十一）或然损失风险

（十二）政治风险

四、房地产投资风险的应对

（一）房地产投资风险应对的原则

1. 针对性原则

2. 可行性原则

3. 连续性原则

（二）房地产投资风险应对的方法

1. 风险回避

2. 风险组合

3. 风险控制

4. 风险转移

5. 风险自留

考试要求

1. 熟悉房地产投资的含义、特点和一般步骤；
2. 掌握房地产投资的类型；
3. 了解房地产投资者的风险偏好；
4. 掌握资金的时间价值的含义；
5. 熟悉单利和复利；
6. 了解名义利率和实际利率；
7. 熟悉资金的时间价值的换算；
8. 了解房地产投资项目经济评价的含义、意义和一般步骤；
9. 熟悉房地产投资项目现金流量测算；
10. 熟悉房地产投资项目经济评价指标和方法；
11. 了解房地产投资风险的含义和特征；
12. 熟悉房地产投资的主要风险和风险应对。

第七章 金融和房地产贷款

考试目的

本部分的考试目的是测试应考人员对金融及房地产贷款的认知程度，包括对金融的概念、职能和机构，货币和汇率，信用和利率，房地产贷款的概念、主要种类和参与者，个人住房贷款的种类、相关术语、有关选择和计算等的了解、熟悉和掌握程度。

考试内容

第一节 金融概述
一、金融的概念和职能
二、中国现行金融机构体系
三、货币和汇率
（一）货币
（二）汇率
1. 汇率的概念

2. 汇率的主要种类

四、信用和利率

（一）信用

1. 信用的概念

2. 信用的本质

3. 信用的特征

4. 信用工具

（二）利率

1. 利率的主要种类

2. 影响利率高低的主要因素

第二节　房地产贷款概述

一、房地产贷款的概念

二、房地产贷款的主要种类

（一）按贷款对象及用途的分类

（二）按贷款担保条件或保证方式的分类

（三）按贷款利率是否调整的分类

（四）按贷款期限长短的分类

三、房地产贷款的主要参与者

第三节　个人住房贷款概述

一、个人住房贷款的种类

（一）个人购房贷款、个人自建住房贷款和个人大修住房贷款

（二）购买存量住房贷款和购买新建住房贷款

（三）公积金贷款、商业性贷款和组合贷款

（四）首套住房贷款和非首套住房贷款

二、个人住房贷款的相关术语

三、个人住房贷款的有关选择

（一）贷款金额的选择

（二）贷款方式的选择

（三）贷款机构的选择

（四）还款方式的选择

（五）贷款期限的选择

第四节　个人住房贷款的有关计算

一、首付款的计算

（一）最少首付款的计算

（二）最多首付款的计算

二、贷款金额的计算

（一）贷款金额的基本计算公式

（二）最少贷款金额的计算

（三）最多贷款金额的计算

三、月还款额的计算

（一）等额本息还款方式的月还款额计算

（二）等额本金还款方式的月还款额计算

四、贷款余额的计算

（一）等额本息还款方式的贷款余额计算

（二）等额本金还款方式的贷款余额计算

考试要求

1. 熟悉金融的概念和职能；
2. 了解中国现行金融机构体系；
3. 了解货币和汇率；
4. 熟悉信用和利率；
5. 掌握房地产贷款的概念和主要种类；
6. 熟悉房地产贷款的主要参与者；
7. 熟悉个人住房贷款的种类；
8. 掌握个人住房贷款的相关术语；
9. 掌握个人住房贷款的有关选择；
10. 掌握个人住房贷款的有关计算。

第八章　法律和消费者权益保护

考试目的

本部分的考试目的是测试应考人员对法律和消费者权益保护的认知程度，包括对中国现行法律体系及法律的适用范围、适用的基本原则，消费者权益保护法的相关规定等的了解、熟悉和掌握程度。

考试内容

第一节　中国现行法律体系

一、宪法

二、法律

三、行政法规

四、地方性法规、自治条例和单行条例

五、规章

第二节　法律的适用范围

一、法律在时间上的适用范围

二、法律在空间上的适用范围

三、法律对人的适用范围

第三节　法律适用的基本原则

一、上位法优于下位法原则

二、特别法优于一般法原则

三、新法优于旧法原则

四、法不溯及既往原则

第四节　消费者权益保护法

一、消费者及消费者权益的概念

二、消费者的权利

（一）安全保障权

（二）真情知悉权

（三）自主选择权

（四）公平交易权

（五）获得赔偿权

（六）得到尊重权

（七）依法结社权

（八）获得知识权

（九）监督批评权

三、经营者的义务

（一）守法诚信义务

（二）接受监督义务

（三）保证消费者安全义务

（四）真实信息告知义务
（五）真实标识义务
（六）出具凭证单据义务
（七）质量保证义务
（八）售后服务义务
（九）禁止以告示等方式免责
（十）禁止侵犯消费者人身权
四、消费者权益争议的解决

考试要求

1. 了解中国现行法律体系和法律的适用范围；
2. 熟悉法律适用的基本原则；
3. 熟悉消费者及消费者权益的概念；
4. 掌握消费者的权利和经营者的义务；
5. 熟悉消费者权益争议的解决。

第九章 民法总则及相关法律

考试目的

本部分的考试目的是测试应考人员对民事法律相关规定的认知程度，包括对民法总则、物权法、合同法、婚姻法、继承法的相关内容和规定等的了解、熟悉和掌握程度。

考试内容

第一节 民法总则
一、民事法律关系
二、民事活动的基本原则
（一）平等原则
（二）自愿原则
（三）公平原则
（四）诚信原则

（五）守法和公序良俗原则

（六）绿色原则

三、民事主体

（一）民事主体的概念

（二）自然人

1. 自然人的概念

2. 自然人的民事权利能力

3. 自然人的民事行为能力

4. 监护

5. 宣告失踪和宣告死亡

（三）法人

（四）非法人组织

四、民事权利

（一）民事权利的概念

（二）民事权利的种类

（三）民事权利的取得

（四）民事权利的行使

五、民事法律行为和代理

（一）民事法律行为

1. 民事法律行为的概念

2. 民事法律行为的形式

3. 民事法律行为的效力

（二）代理

1. 代理的概念

2. 代理的类型

3. 代理权的取得

4. 代理权的行使

5. 无权代理及其法律效果

六、民事责任和诉讼时效

（一）民事责任

（二）诉讼时效

1. 诉讼时效的概念

2. 诉讼时效期间

3. 诉讼时效期间届满的法律效果

第二节 物权法

一、物权概述

（一）物的概念和分类

（二）物权的概念及其与债权的区别

（三）物权法的主要原则

1. 物权法定原则

2. 物权公示原则

3. 物权取得和行使遵守法律、尊重社会公德原则

（四）物权的分类

1. 不动产物权和动产物权

2. 主物权和从物权

3. 自物权和他物权

4. 完全物权和限制物权

5. 无期限物权和有期限物权

二、所有权

（一）所有权概述

（二）不动产所有权

（三）业主的建筑物区分所有权

（四）相邻关系

（五）共有

三、用益物权

（一）用益物权的概念

（二）用益物权的种类

（三）用益物权的特征

四、担保物权

（一）担保物权的概念

（二）担保物权的种类

（三）担保物权的特征

五、占有

第三节 合同法

一、合同概述

（一）合同的概念

（二）合同的特征

（三）合同的分类

1. 典型合同和非典型合同

2. 要式合同和非要式合同

3. 双务合同和单务合同

4. 有偿合同和无偿合同

5. 诺成合同和实践合同

6. 主合同和从合同

二、合同的订立

（一）合同的内容

（二）合同订立的程序

1. 要约

2. 承诺

（三）缔约过失责任

三、合同的效力

（一）合同的生效条件

（二）违反生效条件的合同

四、合同的履行

五、违约责任

（一）违约责任的概念

（二）违约的形式

（三）违约责任的承担方式

1. 继续履行

2. 赔偿损失

3. 支付违约金

4. 定金罚则

六、买卖合同和租赁合同

（一）买卖合同

1. 买卖合同的概念和特征

2. 买卖合同的内容

3. 买卖合同当事人的义务

4. 标的物所有权的转移和孳息归属

5. 标的物的风险责任承担

（二）租赁合同

1. 租赁合同的概念和特征
2. 租赁合同的内容和形式
3. 租赁合同的种类
4. 租赁合同当事人的义务
5. 租赁合同的解除

七、委托合同和居间合同

（一）委托合同

1. 委托合同的概念
2. 委托合同的特征
3. 委托合同的种类
4. 委托合同当事人的义务
5. 委托合同当事人的赔偿责任
6. 委托合同的终止

（二）居间合同

1. 居间合同的概念
2. 居间合同的特征
3. 居间合同当事人的义务

（三）居间合同与委托合同的异同

第四节　婚姻法

一、夫妻财产制的类型及其适用

二、夫妻约定财产制的主要内容

三、夫妻法定财产制的主要内容

（一）夫妻个人财产制的主要内容

（二）夫妻共同财产制的主要内容

四、司法解释对夫妻财产制的规定

第五节　继承法

一、继承和遗产的概念

二、遗产继承的顺序

三、遗产继承与债务清偿

考试要求

1. 熟悉民事法律关系；

2. 掌握民事活动的基本原则；
3. 掌握自然人；
4. 了解法人和非法人组织；
5. 熟悉民事权利；
6. 掌握民事法律行为和代理；
7. 掌握民事责任；
8. 了解诉讼时效；
9. 掌握物权的概念及其与债权的区别，物权的分类；
10. 熟悉物权法的主要原则；
11. 熟悉所有权、用益物权、担保物权、占有；
12. 熟悉合同的概念和特征，合同的分类；
13. 掌握合同的订立、效力、履行和违约责任；
14. 掌握买卖合同、租赁合同、委托合同和居间合同；
15. 熟悉婚姻法和继承法的有关内容。

第十章 消费心理和营销心理

考试目的

本部分的考试目的是测试应考人员对消费心理及营销心理的认知程度，包括对心理活动和心理现象，消费者的心理过程、个性心理特征、需要、动机和行为，消费者群体的心理与行为，营销过程心理与策略，以及房地产经纪人心理及其综合素质提高、人际交往和积极心态等的了解、熟悉和掌握程度。

考试内容

第一节 个体消费者的心理与行为
一、心理活动和心理现象
（一）心理活动与行为表现
（二）心理现象及其认识
1. 心理过程
2. 个性心理
二、消费者的心理过程

（一）消费者的认知过程

1. 消费者的感觉

2. 消费者的知觉

3. 消费者的记忆

4. 消费者的思维

5. 消费者的想象

（二）消费者的情绪过程

（三）消费者的意志过程

（四）消费者的注意

三、消费者的个性心理特征

（一）消费者的性格

1. 性格的概念

2. 性格的类型

3. 消费者的性格与其行为特征

（二）消费者的气质

1. 气质的含义

2. 气质的类型及其在营销中的应用

（三）消费者的能力

四、消费者的需要和动机

（一）需要的概念和特点

（二）需要的种类和层次

1. 生理的需要

2. 安全的需要

3. 归属和爱的需要

4. 尊重的需要

5. 自我实现的需要

（三）消费者需要的主要内容

1. 对商品基本功能的需要

2. 对商品安全性能的需要

3. 对商品消费便利的需要

4. 对商品审美功能的需要

5. 对商品情绪功能的需要

6. 对商品社会象征的需要

7. 对享受良好服务的需要

（四）消费者的动机

1. 消费者动机的形成

2. 消费者动机的功能

3. 消费者动机的种类

五、消费者的行为

第二节　消费者群体的心理与行为

一、消费者群体的形成和类型

（一）消费者群体的概念和意义

（二）消费者群体的形成原因

（三）消费者群体的类型划分

二、不同年龄消费者的心理与行为

（一）青年消费者的心理与行为

（二）中年消费者的心理与行为

（三）老年消费者的心理与行为

三、不同阶层消费者的心理与行为

第三节　营销过程心理与策略

一、价格心理

（一）商品价格的心理功能

1. 商品价值认知功能

2. 自我意识比拟功能

3. 调节商品需求功能

（二）消费者的价格心理表现

1. 习惯性心理

2. 敏感性心理

3. 倾向性心理

4. 感受性心理

（三）消费者对价格的判断

（四）商品的心理定价策略

1. 高位定价策略

2. 低位定价策略

3. 尾数定价策略

4. 折扣定价策略

二、广告心理
(一)广告的心理过程
(二)成功广告的心理方法
三、现场营销心理
(一)现场营销的消费者心理
(二)现场营销过程心理分析
四、购房人的类型及相应的营销策略
(一)成熟理智型购房人及其营销策略
(二)缺少经验型购房人及其营销策略
(三)犹豫不决型购房人及其营销策略
(四)小心谨慎型购房人及其营销策略
(五)眼光挑剔型购房人及其营销策略
(六)特殊偏好型购房人及其营销策略
第四节　房地产经纪人心理及其综合素质提高
一、房地产经纪人与客户的心理互动
(一)房地产经纪人与客户的相互心理影响
1. 房地产经纪人对客户的心理影响
2. 客户对房地产经纪人的心理影响
(二)房地产经纪人与客户之间良好心理氛围的建立
(三)房地产经纪人与客户之间冲突的避免
二、房地产经纪人的心理素质分析
三、房地产经纪人的综合素质提高
第五节　房地产经纪人的人际交往和积极心态
一、房地产经纪人的人际交往与人际关系
(一)给人留下良好第一印象
(二)掌握必要的交谈技巧
(三)关心客户并满足其兴趣和需要
(四)提高自己的判断力
(五)培养自己的说服力
(六)增加自己的幽默感
(七)丰富自己的社会关系
二、房地产经纪人的心理压力及其应对
(一)房地产经纪人的心理压力

（二）房地产经纪人心理压力的应对
1. 不断提高自己的心理承受能力
2. 仔细分析自己的心理压力来源
3. 科学有效减轻自己的心理压力
三、房地产经纪人积极心态的建立与保持
（一）积极心态的含义
（二）消极心态的检测和形成原因
（三）积极心态的建立和消极心态的克服

考试要求

1. 了解心理活动和心理现象；
2. 熟悉消费者的心理过程和个性心理特征；
3. 掌握消费者的需要和动机；
4. 熟悉消费者群体的心理与行为；
5. 掌握价格心理；
6. 熟悉广告心理；
7. 了解现场营销心理；
8. 掌握购房人的类型及相应的销售策略；
9. 熟悉房地产经纪人心理及其综合素质提高；
10. 熟悉房地产经纪人的人际交往与人际关系；
11. 掌握房地产经纪人的心理压力及其应对；
12. 熟悉房地产经纪人积极心态的建立与保持。

第四部分
房地产经纪业务操作

第一章 房地产营销概述

考试目的

本章考试目的是测试应考人员对房地产市场营销理论、房地产市场环境分析和房地产市场营销策略相关内容的了解、熟悉和掌握程度。

考试内容

第一节 房地产营销的概念与特征
一、市场营销过程模型
二、以客户为导向的市场营销
（一）以客户为导向的市场营销的核心概念
1. 顾客感知价值
2. 客户满意
3. 客户忠诚
（二）客户关系管理
三、房地产营销概念与特征
（一）房地产营销概念
（二）房地产营销特征
1. 房地产市场特征
2. 房地产营销特征
（三）房地产产品对市场营销的影响
（四）房地产经纪人在市场营销活动中的工作
1. 房地产经纪人在新建商品房营销方面的主要工作
2. 房地产经纪人在存量房营销方面的主要工作
第二节 房地产营销环境分析
一、房地产市场调查与分析
（一）房地产市场调查与分析的内涵
（二）房地产市场信息及搜集途径
1. 一手数据与二手数据的区别
2. 房地产市场信息搜集途径

3. 大数据与房地产市场营销

（三）房地产市场宏观环境调查

1. 房地产行业法律法规

2. 人口资料

3. 经济资料

4. 社会文化资料

5. 道路交通资料

6. 公共设施资料

（四）房地产市场状况调查

1. 房地产市场需求调查

2. 房地产市场供给调查

3. 房地产促销策略调查

4. 房地产营销渠道调查

二、房地产市场调查实施

（一）住宅与商业的市场调查实施

1. 商圈的概念

2. 新建商品房销售商圈

3. 存量房经纪业务商圈

（二）商圈调查的内容

1. 初步调查的内容

2. 深入调查的内容

3. 个案调查的内容

（三）商圈调查方法

1. 现场勘查法

2. 访谈法

3. 其他方式

第三节　房地产营销组合策略

一、房地产产品策略

（一）房地产产品市场分析定位法

（二）房地产产品 SWOT 分析定位法

1. 内部资源分析（优势与劣势）

2. 外部环境分析（机会与威胁）

3. 构造产品 SWOT 分析矩阵

4. 制定行动对策

（三）房地产产品的目标客户需求定位法

1. STP 营销战略
2. 目标客户需求定位

（四）产品生命周期策略

1. 引入期策略
2. 成长期策略
3. 成熟期策略
4. 衰退期策略

（五）品牌策略

1. 楼盘品牌战略
2. 企业品牌战略

二、房地产价格策略

（一）房地产定价目标

1. 最大利润目标
2. 预期投资收益率目标
3. 提高市场占有率的目标
4. 稳定价格目标
5. 过渡定价目标

（二）房地产定价方法

1. 目标利润定价法
2. 比较定价法

三、房地产分销策略

（一）分销渠道

1. 直销
2. 利用中间商进行销售
3. 多重分销

（二）分销渠道的强度

四、房地产促销策略

（一）房地产促销目标

（二）房地产卖点挖掘

（三）提炼推广主题

1. 从产品定位中寻找推广主题

2. 从客户定位中寻找市场主题
3. 从形象定位中寻找广告主题
(四)房地产促销策略组合
1. 房地产广告促销
2. 人员促销
3. 公共关系促销
4. 销售促进
5. 直复营销手段

考试要求

1. 了解市场营销的内涵;
2. 了解市场营销中的几个关键概念;
3. 理解客户让渡价值、客户满意和客户忠诚;
4. 理解客户关系管理;
5. 掌握房地产市场营销概念;
6. 掌握房地产商品特征;
7. 掌握房地产市场特征;
8. 掌握房地产产品对市场营销的影响;
9. 掌握新建商品房市场营销特点;
10. 掌握存量房市场销售特点;
11. 掌握房地产经纪人在新建商品房市场营销中的工作内容;
12. 掌握房地产经纪人在存量房市场营销中的工作内容;
13. 掌握房地产市场调查与分析的内涵;
14. 熟悉一手数据与二手数据的区别;
15. 掌握房地产市场信息搜集途径;
16. 熟悉房地产市场宏观环境;
17. 熟悉房地产市场需求调查;
18. 熟悉房地产市场供给调查;
19. 熟悉房地产促销策略调查;
20. 熟悉房地产营销渠道调查;
21. 了解商圈的概念;
22. 掌握新建商品房代理销售业务商圈;
23. 掌握房地产经纪业务商圈;

24. 掌握商圈调查内容；
25. 掌握商圈调查方法；
26. 掌握房地产市场定位的内涵和流程；
27. 掌握房地产产品 SWOT 分析定位法；
28. 掌握市场细分概念；
29. 掌握房地产产品目标客户需求定位法；
30. 了解房地产生命周期概念；
31. 熟悉产品生命周期策略；
32. 了解房地产品牌策略；
33. 熟悉房地产定价目标；
34. 掌握房地产两个定价策略；
35. 了解变动成本定价法；
36. 掌握比较定价法；
37. 熟悉目标利润定价法；
38. 了解房地产分销功能；
39. 掌握房地产分销渠道；
40. 熟悉分销渠道强度；
41. 熟悉房地产促销目标；
42. 掌握房地产卖点挖掘；
43. 掌握提炼推广主题的三种方法；
44. 掌握房地产促销策略。

第二章 房源信息搜集与管理

考试目的

本章考试目的是测试应考人员对房源和房源信息的内涵、房源信息的作用、房源的特征与分类、描述房源信息的指标、房源信息的获取原则、房源信息的开拓与获取、房源信息的管理与维护、房源信息营销与推广等内容的了解、熟悉和掌握程度。

考试内容

第一节 房源与房源信息

一、房源与房源信息的内涵
(一) 房源和房源信息的含义
(二) 房源和房源信息的作用
1. 房源是房地产经纪机构的核心竞争力
2. 房源对房地产经纪人的作用
3. 房源对房地产消费者的意义
二、房源的特征与分类
(一) 房源的特征
1. 动态性
2. 可替代性
(二) 房源的分类
1. 住宅类
2. 非住宅类
3. 仓库、停车楼和厂房
三、描述房源信息的指标
(一) 房源信息的物理指标
(二) 房源信息的法律指标
(三) 房源信息的心理特征
1. 市场信息了解程度的变化
2. 出售或出租心态的变化
第二节 房源信息的开拓与获取
一、房源信息的获取原则
(一) 真实性原则
1. 房源真实存在
2. 房源真实委托
3. 房源真实价格
(二) 及时性原则
(三) 集中性原则
二、房源信息的获取渠道
(一) 直接开发方式
1. 门店接待
2. 社区活动
3. 派发宣传单

4. 老客户推荐

5. 人际关系开发

（二）间接开发方式

1. 网络开发

2. 电话拜访

3. 报纸广告

4. 群发邮件、短信息或微信

5. 户外广告或横幅

三、房源勘查与房源信息完善

（一）一般房源信息和特殊房源信息

1. 了解房源信息的一般情况

2. 调查房源的特殊信息

（二）房屋状况的勘查评估

1. 勘查评估前的准备工作

2. 勘查房源时的作业须知

3. 房屋现场勘查作业后的工作

4. 填写《房屋现场勘查表》需要注意的问题

5. 《房屋现场勘查表》的填写细则

6. 进行房产评估，向业主通报评估结果

7. 了解业主放盘要求

（三）房屋业主的信息收集

第三节　房源信息的管理与维护

一、房源信息分类管理

（一）房源信息分类原则

1. 按级分类原则

2. 简单实用原则

3. 主次分明原则

（二）房源信息分类管理

1. 分类标准

2. 分类管理

二、房源信息管理制度

（一）私盘制

（二）公盘制

（三）混合制

三、房源信息更新维护

（一）周期性回访

（二）回访信息的累积

（三）房源信息状态的及时更新

第四节　房源信息的营销与推广

一、房源营销的原则

二、房源信息内部推广

（一）管理软件

（二）推荐合作

（三）聊天工具

（四）业务会议

（五）其他推广方式

三、房源信息外部营销

（一）橱窗广告

（二）平面媒体广告

（三）网络广告

（四）同行合作

（五）驻守派单

（六）其他推广方式

考试要求

1. 掌握房源和房源信息的含义；
2. 了解房源信息对房地产经纪机构的作用；
3. 了解房源信息对房地产经纪人的作用；
4. 了解房源信息对房地产消费者的意义；
5. 熟悉房源的特征；
6. 掌握住宅类房源的分类；
7. 掌握非住宅类房源的细分类型；
8. 掌握描述房源的物理指标；
9. 掌握描述房源的法律指标；
10. 掌握描述房源的心理特征；
11. 掌握房源开拓的真实性原则；

12. 熟悉房源开拓的及时性原则；
13. 熟悉房源开拓的集中性原则；
14. 掌握房源信息直接开发方法；
15. 掌握房源信息间接开发方法；
16. 掌握了解房源信息的一般状况；
17. 掌握调查房源的特殊信息；
18. 掌握中房学《房屋状况说明书》的主要内容；
19. 掌握房源状况勘查与评估程序；
20. 掌握编制《房屋状况说明书》；
21. 掌握房源业主信息调查；
22. 熟悉房源信息分类原则；
23. 熟悉房源分类标准和分类管理；
24. 掌握房源信息私盘制度；
25. 掌握房源信息公盘制度；
26. 掌握房源信息混合制度；
27. 掌握房源更新维护；
28. 掌握房源信息营销的七个原则；
29. 掌握房源信息内部推广途径；
30. 掌握房源信息外部营销途径。

第三章 客源信息搜集与管理

考试目的

本章考试目的是测试应考人员对客源和客源信息的含义、客源和房源的关系、客源的特征与客户类别、客源信息的开拓和获取、客源信息开发策略、客源信息完善与分析、客源信息的管理和维护等内容的了解、熟悉和掌握程度。

考试内容

第一节 客源与客源信息
一、客源和客源信息的内涵
（一）客源和客源信息的含义

(二)客源和房源的关系

1. 互为条件

2. 相得益彰

3. 互为目标

二、客源的特征与类别

(一)客源的特征

1. 指向性

2. 时效性

3. 潜在性

(二)客户类别

第二节 客源信息开拓和客源信息分析

一、客源信息的开拓渠道

(一)门店接待法

(二)广告法

(三)互联网开发法

1. 付费的房源信息发布平台

2. 免费的公共网络信息发布平台

3. 房地产经纪机构门户网站

(四)客户介绍法

(五)人际关系法

(六)驻守和挂横幅揽客法

(七)其他方法

1. 讲座揽客法

2. 会员揽客法

3. 团体揽客法

二、客源信息的开发策略

(一)将精力集中于市场营销

(二)致力于发展和顾客之间的关系

(三)随时发现客户信息

(四)使潜在客户变为真正的客户

(五)直接回应拓展策略

(六)建立与客户的长期联系

1. 与老客户保持联系

2. 把眼光放在长期潜在的客户身上

3. 建立广泛的社会联系

4. 与服务供应商建立广泛联系

三、客源信息完善与分析

（一）目标物业与偏好分析

（二）购买力与消费信用分析

（三）客户购买动机分析

1. 客户购买动机

2. 客户购买需求

（四）客户需求程度分析

（五）客户购买决策分析

第三节　客源信息管理

一、客源信息管理的对象和内容

（一）客源信息管理的对象

（二）客户信息管理的内容

1. 客户基础资料

2. 物业需求状况

3. 交易记录

二、客户信息管理的原则和策略

（一）客户信息管理原则

1. 有效原则

2. 合理使用原则

3. 重点突出原则

（二）客户信息管理策略

1. 及时记录和更新

2. 保持联系

3. 有效利用

三、客户数据库的建立

考试要求

1. 掌握客源和客源信息的含义；

2. 了解客源和房源的关系；

3. 熟悉客源的特征；

4. 掌握客户的类别；
5. 掌握客源开拓渠道；
6. 熟悉客源信息开发策略；
7. 掌握客户目标物业与偏好分析；
8. 掌握客户购买力与消费信用分析；
9. 掌握客户购买动机分析；
10. 掌握客户需求程度分析；
11. 掌握客户购买决策分析；
12. 掌握客户信息分类；
13. 掌握客源信息管理的内容；
14. 熟悉客源信息管理的原则；
15. 熟悉客源信息管理策略；
16. 熟悉客户信息数据库管理注意事项。

第四章　存量房经纪业务承接

考试目的

本章考试目的是测试应考人员对存量房经纪业务承接中的客户接待流程、业主信息调查、客户信息调查、租赁经纪业务信息调查、获取业主（客户）委托、房地产经纪服务合同签订、防范房地产经纪业务风险等内容的了解、熟悉和掌握程度。

考试内容

第一节　客户接待
一、客户接待流程
（一）到店接待流程
（二）电话接待流程
（三）网络客户接待流程
二、业主信息调查
（一）以房屋售价为核心采集信息
（二）了解售房业主资格信息

（三）房源信息调查并编制《房屋状况说明书》

（四）了解业主房屋售价的价格区间

（五）了解业主的出售动机

（六）解释售房款的交付程序

（七）业主出售租赁房注意事项

（八）特别注重重要信息审核

三、购房客户信息调查

（一）对购房客户以购房需求为核心采集信息

（二）询问客户购买资格

1. 城市限购购房资格

2. 民事行为能力资格

3. 外籍人士、港澳台地区居民或华侨购房资格

（三）询问购买房屋需求

（四）关注客户的安全保障

四、房屋租赁客户信息调查与告知

（一）租赁客户信息采集要点

（二）出租经纪业务信息调查与告知

（三）房屋承租经纪业务信息调查与告知

五、获取业主（客户）的委托

（一）委托的概念与分类

1. 口头委托、书面委托和其他委托

2. 普通委托、独家委托

（二）独家委托的意义和作用

1. 独家委托对业主方的意义

2. 独家委托对房地产经纪人的意义

3. 独家委托对购房者的意义

4. 独家委托与服务质量的关系

5. 独家委托与房地产经纪行业的规范发展

（三）独家委托的获取步骤

1. 明确独家委托条件

2. 获取业主信任

3. 收集完善信息并进行房屋勘查评估

4. 签署独家委托协议

第二节　房地产经纪服务合同的签订

一、正确选用房地产经纪服务合同

二、洽谈签署房地产经纪服务合同

（一）洽谈服务项目、服务内容、服务完成标准、服务收费标准及支付时间

（二）查看委托人身份和不动产权属有关证明

三、签订房地产经纪服务合同

（一）做好房地产经纪服务合同签订前的书面告知工作

1. 是否与委托房屋有利害关系
2. 应当由委托人协助的事宜、提供的资料
3. 委托房屋的市场参考价格
4. 房屋交易的一般程序及可能存在的风险
5. 房屋交易涉及的税费
6. 房地产经纪服务的内容及完成标准
7. 房地产经纪服务收费标准和支付时间
8. 书面告知房地产经纪服务以外的其他服务相关事项

（二）签订房地产经纪服务合同

（三）房地产经纪业务风险防范

考试要求

1. 掌握存量房经纪业务一般流程；
2. 掌握到店客户接待流程；
3. 掌握电话客户接待历程；
4. 掌握网络客户接待流程；
5. 掌握售房业主信息采集要点；
6. 掌握询问售房业主的售房资格信息；
7. 掌握房源信息调查；
8. 了解承接"无房本单子"委托销售中存在的风险；
9. 掌握询问业主售房的价格区间；
10. 掌握询问业主售房动机；
11. 掌握业主出售租赁房的相关注意事项；
12. 掌握审核业主售房相关重要信息；
13. 掌握采集购房客户信息；
14. 掌握询问客户购买资格；

15. 掌握询问客户购买房屋需求；
16. 掌握保障客户的交易安全；
17. 掌握租赁客户信息采集要点；
18. 掌握出租经纪业务信息调查与告知；
19. 掌握房屋承租经纪业务信息调查与告知；
20. 掌握口头委托、书面委托和其他委托的概念；
21. 熟悉普通委托和独家委托的概念；
22. 熟悉独家委托的意义和作用；
23. 掌握独家委托的获取步骤；
24. 掌握正确选用房地产经纪服务合同；
25. 掌握房地产经纪服务合同的主要内容；
26. 掌握签订房地产经纪服务合同前的准备工作；
27. 掌握签订房地产经纪服务合同；
28. 了解房地产经纪业务风险的定义和管理。

第五章　存量房交易配对与带客看房

考试目的

本章考试目的是测试应考人员对房地产经纪业务撮合中交易配对的原理和步骤，带客看房的准备工作、看房步骤、看房注意事项等内容的了解、熟悉和掌握程度。

考试内容

第一节　交易配对
一、配对原理和方法
（一）交易配对原理
（二）交易配对步骤
二、房源的推荐
（一）房源推荐的技术要点
（二）配对过程中对客户和业主心理特征进行分析和引导
第二节　带客看房

一、与业主共同查勘房源

（一）提前勘查房屋

（二）预约看房时间和设计看房路线

二、以卖方代理人身份陪同购房客户看房步骤

（一）工作准备

（二）请房屋业主对房屋进行"包装"

（三）向客户沿途讲解房源周边设施

（四）主导看房过程

三、以买方代理人身份陪同购房客户看房步骤

（一）合理安排和掌握看房时间

（二）注重看房细节

1. 熟悉房源所在商圈的特点和优势
2. 客观展示房源的优缺点
3. 带上必要工具

（三）看房过程中注重双向沟通

（四）做好看房后记录和收取定金工作

四、房屋带看工作中的注意事项

（一）做好带看后回访工作

（二）引导客户做出决策

（三）充分展示房地产经纪个人和团队的能力

1. 房地产经纪人个人能力与优势
2. 房地产经纪人所属团队的竞争优势
3. 房地产经纪人优势将给业主带来的显著利益

（四）看房时间和突发事件处理

（五）约看过程中防止跳单

考试要求

1. 了解潜在客户做出购房（承租）房屋的决策过程；
2. 掌握房地产经纪人以房源为核心的配对步骤；
3. 掌握房源推荐的技术要点；
4. 熟悉配对过程中对客户和业主的心理特征分析和引导；
5. 掌握房源配对的注意事项；
6. 掌握看房前的准备工作；

7. 掌握与售房业主共同看房的技术要点；
8. 掌握以卖方代理人身份陪同购房人看房的技术要点；
9. 掌握以买方代理人身份陪同购房人看房的技术要点；
10. 掌握带客看房工作中的注意事项。

第六章 存量房买卖交易条件协商

考试目的

本章考试目的是测试应考人员对房地产经纪业务撮合中的交易购买价格和购买方式的撮合、引导客户做出决策的方法、订立买卖合同的步骤、签订买卖合同的意义、房屋买卖合同的主要内容，以及购房款支付等内容的了解、熟悉和掌握程度。

第一节 交易条件的协商
一、撮合签署定金合同
（一）撮合签订定金合同
（二）定金的类型
二、协商购买价格和签订存量房买卖合同
（一）协商购买价格和付款方式
（二）撮合双方签订存量房买卖合同
1. 合同条款商洽
2. 抓住成交机会
3. 顺利签订合同
第二节 房屋买卖合同签订与款项支付
一、签订房屋买卖合同的重要意义
二、房屋买卖合同的主要内容
1. 当事人
2. 房屋基本状况
3. 价款及支付方式
4. 房屋交付时间及条件
5. 违约责任
6. 合同双方认为应当约定的其他事项

三、签订存量房买卖合同

（一）操作要点

（二）买卖合同签订前的准备工作

1. 准备工作

2. 证件审查

（三）签订存量房买卖合同

1. 合同文本讲解

2. 协助双方签订不动产买卖交易合同

四、房款及费用收支

（一）交割存量房交易房款

（二）收取经纪服务费

（三）协助办理交纳存量房交易税费

考试要求

1. 掌握交易条件的协商；
2. 掌握定金的内涵和作用；
3. 掌握协商购买价格和付款方式的技术要点；
4. 掌握撮合双方签订存量房买卖的步骤；
5. 熟悉签订房屋买卖合同的重要意义；
6. 掌握房屋买卖合同的主要内容；
7. 掌握买卖合同签订操作要点；
8. 掌握房款及各款项支付的操作要点。

第七章 存量房租赁经纪业务撮合

考试目的

本章考试目的是测试应考人员对存量房租赁经纪业务中的经纪业务流程和房屋租赁托管业务等内容的了解、熟悉和掌握程度。

考试内容

第一节 存量房租赁经纪业务流程

一、存量房租赁经纪业务流程

（一）一般流程

（二）房屋租赁经纪业务关键环节分析

1. 客户接待

2. 房源配对

3. 房屋带看

4. 达成房屋租赁意向

5. 房屋租赁合同签订和收取租金、押金、佣金

二、存量房租赁经纪业务撮合操作要点

三、租赁合同签订与款项支付操作要点

（一）房屋租赁合同的特征

（二）签订房屋租赁合同的重要意义

（三）房屋租赁合同的主要内容

1. 房屋租赁当事人的姓名（名称）和住所

2. 标的物

3. 租金和押金数额、支付方式

4. 租赁用途和房屋使用要求

5. 房屋和室内设施的安全性能

6. 租赁期限

7. 合同应对转租加以约定

8. 房屋维修责任

9. 物业服务、水、电、燃气等相关费用的缴纳

10. 争议解决办法和违约责任

11. 其他事项约定

（四）签订房屋租赁合同应注意的事项

第二节　房屋租赁托管业务

一、房屋租赁托管业务流程

（一）出租委托流程

1. 出租客户接待

2. 实地查看房屋

3. 租金价格谈判

4. 签订房屋租赁托管合同

5. 物业交验（交房）

6. 支付租金

7. 装修装饰

8. 发布房源广告

（二）承租委托流程

1. 承租客户接待

2. 房屋带看

3. 达成房屋租赁意向

4. 签订《房屋租赁合同（经纪机构代理成交版）》

5. 支付租金、押金及其他费用

6. 物业交验

7. 提供增值服务

二、房屋租赁托管业务操作要点

三、房屋租赁托管业务的优势

（一）对出租人的好处

1. 保障出租人收益

2. 免除不必要的电话骚扰

3. 降低经济和时间成本

4. 免除出租人与承租人之间的经济纠纷

（二）对承租人的好处

1. 提高了承租人的安全性

2. 提高了房屋维修的及时性

3. 租赁行为灵活性强

4. 保障了承租人的私密性

5. 为承租人提供增值服务

四、房屋租赁经纪业务与租赁托管业务的异同

考试要求

1. 掌握存量房租赁经纪业务一般流程；

2. 掌握存量房租赁经纪业务的关键环节；

3. 掌握存量房租赁经纪业务撮合操作要点；

4. 熟悉房屋租赁合同的特征；

5. 了解签订房屋租赁合同的重要意义；

6. 掌握房屋租赁合同的内容；

7. 掌握签订房屋租赁合同的注意事项；
8. 了解房屋租赁托管业务内涵；
9. 掌握房屋出租委托一般流程；
10. 掌握房屋承租委托一般流程；
11. 掌握房屋租赁托管业务操作要点；
12. 熟悉房屋租赁托管业务对出租人的好处；
13. 熟悉房屋租赁托管业务对承租人的好处；
14. 熟悉房屋租赁经纪业务与租赁托管业务的异同。

第八章　新建商品房租售代理业务操作

考试目的

本章考试目的是测试应考人员对新建商品房销售准备和流程，以及住宅、写字楼和商业地产的销售代理等内容的了解、熟悉和掌握程度。

考试内容

第一节　新建商品房销售流程
一、营销方案制订
（一）做好市场定位
（二）制订推广策略
（三）制订销售计划
二、宣传资料准备
（一）项目楼书
（二）户型手册
（三）宣传展板、销售导示牌、折页、单张
三、客户拓展实践
（一）线上渠道
（二）线下渠道
1. 电话拜访客户
2. 派单
3. 巡展

4. 大客户拓展

5. 客户拦截

6. 渠道电商

7. 老带新

四、销售现场展示

五、行业公示及文件准备

（一）行业批准文件公示

（二）销售文件

1. 价目表

2. 置业计划

3. 购房须知和认购流程

4. 商品房认购协议书

5. 购房相关税费须知

6. 抵押贷款须知

六、销售人员培训

（一）组建销售团队

（二）销售人员的培训

1. 市场调研培训

2. 竞争项目分析

3. 购房客户分析

4. 项目本体分析

5. 销售资料学习

6. 其他培训内容

（三）销售人员的上岗考核

七、新建商品房现场销售流程

（一）现场接待

（二）商品房认购与合同签订

1. 商品房认购

2. 商品房买卖合同签订

3. 交纳商品房购房款及相关税费

第二节　住宅项目的销售代理

一、住宅客户的类型

（一）依据购房面积划分客户

1. 小户型客户特征

2. 中大户型客户特征

3. 大户型及别墅客户特征

(二) 依据置业目的划分客户

1. 自用客户特征

2. 投资客户特征

二、住宅项目的销售执行

(一) 客户积累

(二) 住宅项目价格制定

1. 市场调研

2. 价格确定策略

3. 确定核心均价

4. 价目表形成及验证

5. 推售安排

(三) 销售执行

1. 销售文件和销售计划

2. 销售方式

第三节　写字楼项目销售代理

一、写字楼产品特性和运作目标

(一) 写字楼的产品特性

1. 与宏观经济的正相关性

2. 购房（承租）客户多为企业

3. 产品硬件设施技术性

4. 销售商务性

5. 项目运作专业性

(二) 写字楼项目运作目标

1. 综合收益最大化目标

2. 快速回收成本目标

3. 品牌目标

二、写字楼定位及物业发展建议

(一) 本体项目资源属性判断

1. 项目规划指标分析

2. 项目经济指标分析

3. 区域属性判断
4. 景观资源分析
5. 周边商业配套成熟度判断
6. 路网情况判断
7. 其他资源优劣势判断

(二) 入市时机分析

1. 宏观经济
2. 城市规划分析

(三) 写字楼项目的市场分析

1. 写字楼市场发展态势分析
2. 区域写字楼市场分析
3. 竞争项目的分析

(四) 项目市场定位与产品类型界定

1. 市场定位
2. 产品类型的界定

(五) 写字楼项目的物业发展建议

1. 项目定位模式
2. 影响项目物业发展建议的关键要素

三、写字楼项目销售策略制定

(一) 写字楼项目的形象定位

1. 项目属性定位
2. 目标客户定位
3. 项目形象定位

(二) 写字楼项目的销售策略制定

1. 销售策略制定的出发点
2. 销售推广策略
3. 销售展示策略
4. 客户策略

四、写字楼项目的销售执行

(一) 制定销售推广计划
(二) 确定价格
(三) 销售开盘准备

1. 积极与意向客户进行沟通

2. 开盘活动造势

（四）写字楼项目销售管理

1. 写字楼销售人员的筛选与培训

2. 写字楼销售流程的重点与难点

3. 写字楼客户消费特征与心理分析

第四节　商业地产的租售代理

一、商业地产的特征

（一）商业地产的定义和分类

（二）商业地产的特征

1. 收益多样性

2. 盈利模式多元化

3. 权益复杂与利益平衡

二、商业地产的市场调研及定位

（一）商业地产的市场调研

1. 经济环境研究

2. 城市及区域土地利用结构和规划调查

3. 城市商圈调查

4. 竞争性在建商业地产项目调查

5. 商业消费者行为调查

6. 商业地产地块的研究分析

7. 品牌商户的进入性

（二）商业综合体的定位

1. 客户定位

2. 业态定位

3. 功能定位

4. 规模定位

5. 档次定位

三、商业地产项目的招商代理

（一）招商工作原则

（二）各物业形态的招商条件及目标商户

（三）招商工作计划

四、商业地产项目的销售执行

（一）客户特性分析

（二）商铺投资回报率
（三）商铺销售工具
1. 项目未来经营环境
2. 项目的建筑指标信息
3. 商铺的价格信息
4 主力商户的信息
5. 项目的交付及经营信息

考试要求

1. 熟悉新建商品房营销方案的制订；
2. 掌握新建商品房宣传资料的准备和销售现场的展示；
3. 熟悉新建商品房行业公示及文件准备；
4. 掌握新建商品房销售人员的培训；
5. 熟悉新建商品房现场销售流程；
6. 掌握新建商品房买卖合同签订中的风险；
7. 熟悉住宅客户的类型；
8. 掌握住宅项目价格制订过程；
9. 掌握住宅的销售执行；
10. 熟悉写字楼产品特性和运作目标；
11. 掌握写字楼的定位及物业发展建议；
12. 熟悉写字楼销售策略制定；
13. 掌握写字楼销售项目的执行；
14. 了解商业地产的特征；
15. 掌握商业地产的市场调研；
16. 掌握商业地产的定位；
17. 熟悉商业地产的招商代理；
18. 掌握商业地产的客户特征分析；
19. 熟悉商业地产投资回报率的计算方法；
20. 掌握商业地产的销售流程工具。

第九章 房屋交验与经纪延伸业务

考试目的

本章考试目的是测试应考人员对新建商品房交付、存量房交付、房地产抵押贷款代办、不动产权利登记等内容的了解、熟悉和掌握程度。

考试内容

第一节 房屋交付与验收
一、新建商品房交付与验收
（一）新建商品房交付的内涵
（二）新建商品房交付的条件
（三）买受人查验交付商品房的项目
（四）房屋交付时的费用
（五）房地产经纪人参与物业交付
二、存量房交付与验收
（一）买卖物业的交付与验收
1. 存量房买卖物业交付条件
2. 房地产经纪人要高度重视物业交付环节
3. 物业交验注意事项
4. 提供选择家居产品和日常服务的建议
（二）租赁物业的交付与验收
第二节 房地产贷款代办
一、商业贷款及代办服务
（一）商业贷款的概念及贷款条件
1. 商业房地产抵押贷款的申请对象
2. 商业贷款的评估值
3. 存量房贷款的申请成数
4. 商业贷款的还款方式
5. 商业贷款的贷款年限
（二）商业贷款的流程及所需资料

1. 借款人贷款资格预审
2. 借款人提交房地产买卖合同
3. 借款人与贷款银行签订个人住房抵押贷款合同
4. 办理房地产抵押登记
5. 贷款银行划款

（三）商业贷款代办委托

（四）银行抵押贷款存在的风险
1. 无力继续偿还贷款本息风险
2. 房屋贬值风险
3. 利率变化风险
4. 购房者房屋处置风险

二、公积金贷款及代办服务

（一）公积金贷款的概念及贷款条件
1. 产品介绍
2. 申请对象及申请条件
3. 贷款年限
4. 贷款类别
5. 贷款成数和额度
6. 贷款金额计算
7. 公积金的还款方式

（二）公积金贷款的流程及所需资料
1. 贷款流程
2. 买卖双方所需要资料

三、住房抵押消费贷款及代办服务

（一）住房抵押消费贷款的概念

（二）抵押消费的特征及分类
1. 个人住房抵押消费贷款
2. 企业抵押经营贷款
3. 个人住房抵押消费贷款和企业抵押经营贷款的区别

第三节　不动产登记代办业务

一、新建商品房不动产登记代办

（一）新建商品房不动产首次登记代办

（二）新建商品房不动产转移登记代办

二、存量房不动产转移登记和变更登记代办
（一）存量房不动产转移登记一般程序
（二）买卖存量房的不动产转移登记代办
1. 买卖存量房的不动产登记需提交的材料
2. 申请人身份证明
3. 买方为境外机构或境外个人的，还应提交的材料
4. 申请人需委托或公证的，还应提交的材料
5. 注意事项
（三）赠与和继承存量房的不动产转移登记代办
1. 赠与存量房的不动产转移登记
2. 继承存量房的不动产转移登记
（四）法院判决、仲裁机构裁决、拍卖存量房的不动产转移登记代办
1. 法院判决、仲裁机构裁决存量房的不动产转移登记
2. 法院拍卖存量房的不动产转移登记
3. 非法院拍卖存量房的不动产转移登记
（五）夫妻间共有性质变更登记代办
1. 夫妻婚姻存续期间，存量房的不动产转移登记
2. 夫妻离婚涉及存量房的不动产转移登记
（六）法人或其他组织改制、合并、分立涉及的不动产转移登记代办
三、不动产抵押登记和注销登记代办
（一）不动产抵押登记
1. 对下列财产进行抵押的，可以申请办理不动产抵押登记
2. 一般不动产抵押登记应提交的申请材料
3. 在建建筑物抵押登记应提交的申请材料（除一般不动产抵押登记需提交的材料外）
4. 申请预购商品房抵押登记应提交的申请材料（除一般不动产抵押登记需提交的材料外）
5. 注意事项
（二）不动产抵押注销登记
1. 有下列情形之一的，当事人可申请抵押权注销登记
2. 抵押权注销登记应提交的申请材料

考试要求

1. 掌握新建商品房交付的内涵；

2. 掌握新建商品房交付的条件；
3. 掌握买受人查验交付商品房的项目；
4. 掌握房屋交付时应交的费用；
5. 熟悉房地产经纪人参与物业交付完成的事项；
6. 掌握存量房买卖物业交付条件；
7. 熟悉房地产经纪参与物业交付的环节；
8. 掌握物业交验的注意事项；
9. 了解提供选择家居产品和日常服务的建议；
10. 掌握租赁物业的交付与验收；
11. 熟悉房地产商业贷款概念；
12. 掌握存量房商业贷款的申请对象条件；
13. 掌握存量房贷款的评估值；
14. 掌握存量房商业贷款的还款方式；
15. 掌握存量房商业贷款的贷款年限；
16. 掌握存量房商业贷款的贷款流程；
17. 掌握存量房商业贷款买卖双方所需资料；
18. 熟悉商业贷款的代办委托；
19. 掌握公积金贷款的概念；
20. 掌握公积金贷款的申请对象和申请条件；
21. 掌握公积金贷款的贷款年限；
22. 掌握公积金贷款的贷款类别；
23. 掌握公积金贷款的贷款成数和额度；
24. 掌握公积金贷款金额计算；
25. 熟悉公积金贷款的还款方式；
26. 掌握公积金贷款流程和买卖双方所需资料；
27. 熟悉住房抵押消费贷款的概念；
28. 熟悉个人住房抵押消费贷款的概念；
29. 熟悉企业抵押经营贷款；
30. 熟悉个人住房抵押消费贷款和企业抵押经营贷款的差异；
31. 掌握不动产权利登记概念；
32. 掌握新建商品房的不动产权证登记办理流程；
33. 熟悉购买存量房的产权登记办理流程；
34. 熟悉房屋继承和遗赠的产权登记办理流程；

35. 熟悉房屋赠与的产权登记办理流程；
36. 熟悉法院判决、仲裁机构裁决、拍卖房屋转移的产权登记办理流程；
37. 熟悉已购公有住房改为商品房、优惠（标准）价改为成本价的办理流程；
38. 熟悉夫妻间房屋共有性质变更登记的办理流程；
39. 熟悉法人或其他组织改制、合并、分立办理流程；
40. 掌握不动产抵押登记和注销登记代办流程。

第十章　房地产经纪业务中的沟通与礼仪

考试目的

本章考试目的是测试应考人员对与客户沟通中的个人形象、礼仪、沟通技巧等内容的了解、熟悉和掌握程度。

考试内容

第一节　与客户沟通

一、沟通基本理论

（一）沟通过程

1. 单向沟通和双向沟通
2. 减少无效沟通

（二）沟通方式

1. 沟通方式
2. 选择合适的沟通方式
3. 养成良好的沟通习惯
4. 电话接听的实用技巧

（三）提高沟通效果应具备能力

1. 表达能力
2. 观察能力
3. 社交能力
4. 良好品质

二、倾听技巧

（一）倾听的概念和意义

（二）掌握良好的倾听技巧

（三）克服阻碍倾听的因素

1. 客观因素

2. 主观因素

三、提问技巧

（一）问题的类型

1. 开放式问题和封闭式问题

2. 主要问题和次要问题

3. 试探型问题、镜像型问题和指引型问题

（二）提问的技巧

四、面谈技巧

（一）面谈的原则

1. 目的性原则

2. 情境性原则

3. 正确性原则

（二）面谈的组成部分

（三）面谈中的技巧

五、非言语沟通技巧

（一）房地产经纪服务的5S技巧

1. 速度（speed）

2. 微笑（smile）

3. 真诚（sincerity）

4. 机敏（smart）

5. 研学（study）

（二）房地产经纪人的个人形象

1. 个人形象的重要作用

2. 房地产经纪人的形象塑造技巧

（三）房地产经纪人的商务礼仪

1. 商务礼仪的重要作用

2. 房地产经纪人的商务礼仪

第二节　房屋销售过程中的技巧

一、接待客户的技巧

1. 留住客户，适时招呼

2. 推荐房屋应从低档的开始
3. 掌握客户需求
4. 推荐时注意用语
5. 把握成交的契机

二、谈判技巧

（一）房地产经纪谈判的特点
（二）房地产经纪人应具备的谈判能力
（三）房地产经纪谈判技巧
1. 谈判初期的技巧
2. 谈判中后期的技巧

考试要求

1. 熟悉单向沟通和双向沟通；
2. 熟悉减少无效沟通；
3. 掌握沟通方式；
4. 掌握选择合适的沟通方式；
5. 了解提高沟通效果应具备的能力；
6. 熟悉房地产经纪人的个人形象；
7. 熟悉房地产经纪人的形象塑造；
8. 熟悉倾听的概念；
9. 熟悉倾听对房地产经纪人的重要的意义；
10. 掌握倾听的技巧；
11. 熟悉克服阻碍倾听的因素；
12. 熟悉开放式问题和封闭式问题；
13. 熟悉主要问题和次要问题；
14. 熟悉试探型问题、镜像型问题和指引型问题；
15. 掌握提问的技巧；
16. 熟悉面谈的原则；
17. 熟悉面谈的组成部分；
18. 了解房地产经纪谈判特点；
19. 熟悉房地产经纪人应具备的谈判能力；
20. 掌握房地产经纪谈判技巧。